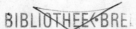

VillA Alfabet

Aangeboden: 1 schoolhond

Lida Dijkstra

educatieve

uitgeverij

Maretak

VillA Alfabet is een leesserie voor de betere lezer van groep 3 tot en met groep 8.
VillA Alfabet Groen is bestemd voor lezers vanaf groep 5.
Een VillA Alfabetboek biedt de goede lezer een uitdagende lees-ervaring en verdiept deze ervaring door het extra materiaal dat in het boek is opgenomen. Daarnaast is bij elk boek materiaal ont-wikkeld dat in een aparte uitgave is verschenen: 'VillA Verdieping'.

© 2008 Educatieve uitgeverij Maretak, Postbus 80, 9400 AB Assen
© 2008 Lida Dijkstra (tekst)

Illustraties: Annet Schaap
Tekst blz. 6 en blz. 98, 99 en 101: Ed Koekebacker
Vormgeving: Studio Huis, Amsterdam
Illustratie blz. 98-99: Gerard de Groot
ISBN 978-90-437-0331-4
NUGI 140/282

LEESNVEAU

		ME	ME	ME	ME	ME		
AVI	S	3	4	5	6	7	P	
CLIB	S	3	4	5	6	7	8	P

dieren | vriendschap

Toegekend door Cito i.s.m. KPC Groep

STICHTING NEDERLANDSE
KINDERJURY
2009

(Als je 🏠 tegenkomt, ga dan naar bladzij 101.
En als je het boek uit hebt, kom dan op bezoek in VillA
Alfabet, op bladzij 98-100.)

*Ken je een gedicht over vierkante appels, haren en schil-
fers, een proefscheiding en een lieve, oude mevrouw?
Nee? Misschien kun je het maken als je dit boek uit hebt!*

1 Bange Bartje

We hingen met de hele klas rond in de gang van de school. De meeste kinderen stonden ongeduldig voor het raam om te kijken of juf Jolijn er eindelijk aankwam. Meester Wim had de bel bij de voordeur tien minuten geleden al geluid, maar juf Jolijn was er nog steeds niet. Vreemd, anders was ze nooit te laat.

Gedachteloos zwaaide ik mijn knikkerzak heen en weer aan het koordje. Plotseling klonk er een scheurend geluid en voordat ik begreep wat er gebeurde, vielen al mijn knikkers op de tegels. Ze tikten, stuiterden en rolden alle kanten op. Het waren er minstens honderd!

'O nee,' kreunde ik en ik dook op mijn knieën om ze allemaal op te rapen. Ik was beslist niet de enige, want in een oogwenk kropen alle kinderen over de grond en grabbelden naar mijn knikkers.

'Wel teruggeven, hoor,' riep Esther luid, 'ze zijn van Iris.'

Ik stopte de knikkers die ik terugkreeg in mijn jaszakken. Opeens hoorde ik Esther roepen: 'Jippe, ik zie dat je er eentje in je zak stopt. Wat een smerige snertstreek! Geef ogenblikkelijk hier!' Gelijk beende ze op Jippe af en pakte een megabonk terug. Sanja, Ziggy en Aradhna kwamen intussen naar mij toe en laadden mijn handen vol knikkers.

'Is je knikkerzak kapot?' vroeg Sanja.

Ik knikte en voelde dat mijn ogen vol tranen schoten. Dat kwam niet alleen door die knikkers. Thuis ging ook alles fout. Mijn vader en moeder...

Esther keek me met een onderzoekende blik aan. 'Wat is er?' vroeg ze. Esther kon altijd meteen aan me zien wat ik voelde. Soms leek het of ze gedachten kon lezen. Ze dacht veel dieper over de dingen na dan andere kinderen. Ze klonk af en toe als een groot mens, hoewel ze tien was, net als ik. Esther was gewoon anders, maar wel heel lief. En heel apart: ze kende wel duizend gedichten uit haar hoofd. Omdat ze vlak bij me woonde liepen we iedere dag gezellig samen naar school.

'Je kijkt toch niet zo verdrietig vanwege een kapotte knikkerzak?'

Ik schudde mijn hoofd. De andere kinderen uit mijn klas letten allang niet meer op ons. Een paar meiden zongen een liedje van Marco Borsato. Jippe en Ziggy stonden elkaar te stompen.

6

'Ik heb dit weekend voor het eerst bij mijn vader geslapen,' zei ik tegen Esther.

'Hè? Bij je vader? Hoe bedoel je? Waar was je moeder dan?'

Toen vertelde ik het. 'Mijn ouders zijn uit elkaar, maar ze noemen het een proefscheiding. Mijn vader wilde het niet, hoor, het was een idee van mijn moeder.'

'Waarom dan?' vroeg Esther.

Ik haalde mijn schouders op. 'Weet ik veel. Mam wil zichzelf ontdekken of zoiets. Ze doet heel raar.'

Waar woont je vader dan nu?'

'Hij huurt een piepklein huisje aan de Zilverschoonstraat en daar heb ik dus geslapen. Nou ja, eigenlijk meer wakker gelegen, want het bed was bikkelhard en het dekbedovertrek stonk naar nieuw. Het is zo'n raar, kaal huis, Es. Er hangt bijna niks aan de muur. En mijn vader heeft nu tweedehands meubels, overal vandaan gehaald. Daar moet ik voortaan wonen, in de weekenden, en door de week blijf ik gewoon bij mijn moeder.'

'Nou zeg, vreselijk,' zei Esther verontwaardigd.

'Ik wil niet scheiden,' zei ik. 'Maar aan mij hebben ze niks gevraagd. Dat is toch niet eerlijk? Ze hadden er toch met mij ook wel over kunnen praten? Mijn vader is helemaal treurig, net of hij helemaal niet meer weet wat hij met zijn leven aan moet. Mijn moeder bedacht altijd de leuke dingen. Nou ja, pap en ik hebben wel even samen gewinkeld. Dat was wel gezellig. Ik heb nog een nieuwe riem gekregen.'

'Heb je hem niet om, je riem?'

'Hij is wat te ruim omdat er een paar gaatjes bij moeten. Maar Es, mijn moeder doet zó raar. Ik wil dat ze weer gewoon wordt. Ik wil dat alles weer gewoon wordt.'

'Wat doet ze dan?' zei Esther.

Ik vond het verschrikkelijk moeilijk om het onder woorden te brengen. 'Opeens moet alles anders, haar kleren en haar haar, bijvoorbeeld. Ze heeft het plotseling opgestoken met allerlei gekleurde linten erdoorheen. Alles wat we eten moet opeens gezond zijn en verantwoord en onbespoten. Ze wil zelfs andere televisieprogramma's kijken. Van die moeilijke documentaires en praatprogramma's, op Nederland drie. Gisteren mocht ik mijn favoriete soapserie niet eens kijken. Weet je Es, het spijt me dat ik het zeggen moet, maar af en toe heb ik gewoon een hekel aan mam.'

Esther liet me maar praten en knikte begrijpend.

'Hè, hè, daar is ze,' riep Floor.

Ja, daar was juf Jolijn. Ik keek op de klok, kwart voor negen was het al.

Juf probeerde de deur open te duwen met haar schouder, omdat ze haar handen vol had.

Toen ik naar haar toeliep om te helpen, keek ze me dankbaar aan. 'Fijn Iris,' zei ze. 'Wil jij dit vasthouden?' Ze duwde me een hondenmand in mijn handen. Op dat moment zag ik hem. Hij trok zo hard hij kon aan de riem, een klein, dik hondje met kort haar. Wit met zwarte vlekken, twee puntoortjes en een puntneus.
'Dit is Bartje,' zei juf met een hoofdknik naar het hondje.
'Ik leg alles in de klas wel uit. Zoek jullie plaatsen maar op, jongens.'
Iedereen was natuurlijk nieuwsgierig waarom juf Jolijn een hondje achter zich aansleepte. Zelfs Jippe en Bastiaan gingen zonder zeuren op hun plekje zitten.
Ik zette de hondenmand achter in de klas, op de plaats die juf aanwees. Juf legde er een roodgeblokte deken in. Bij de kraan vulde ze een metalen drinkbak, die ze ook bij zich had. Een andere bak deed ze vol hondenbrokken uit een kartonnen pak.
'Is die hond van u, juf?' riep Robin.
Juf maakte Bartjes riem los, maar Bartje ging de mand niet in, zoals de bedoeling was. Hij racete naar de kast en met een sneltreinvaart dook hij eronder.
'O, nee toch,' zei juf. Ze liep meteen naar Bartje toe en probeerde hem met lieve woordjes onder de kast vandaan te lokken.

'Zal ik het eens proberen?' zei Esther. Ze sprong op, nam een paar hondenbrokjes uit de bak en schoof half onder de kast.

'Voorzichtig aan, meisje,' zei juf, 'hij is bang en een hond die bang is, kan wel eens gaan bijten.'

'Mij niet,' klonk Esthers stem gedempt vanonder de kast. We zagen alleen haar benen eronderuit steken.

'Laat me maar eventjes.'

'Goed,' zei juf. Ze liep weer naar voren en ging op haar schrijfbureau zitten, met bungelende benen. Dat deed ze wel vaker, zo, boem, met haar achterwerk op haar papieren. Ze was nogal slordig, maar ze was wel de liefste juf van de wereld.

Toen pas zag ik dat ze een huilgezicht had: rood met vlekken. Haar haar zat eigenlijk ook nogal wonderlijk, net of
ze een hele nacht verschrikkelijk had liggen woelen.
'Ja, jongens,' zei ze en haar stem klonk opeens verdacht
hees. 'Bartje is nu van mij. Hij woonde bij mijn vader in
het verzorgingstehuis. Maar mijn vader is een paar dagen
geleden overleden.'
Iedereen werd onmiddellijk muisstil.
'Hij was al heel oud,' zei juf, 'en hij was al een jaar ziek...'
'Maar het was wel uw vader,' zei Sanja. Dat vond ik dapper
van haar. Ik durfde niks te zeggen. Ik vond het eigenlijk
griezelig, dat juf er zo verdrietig uitzag. Juffen hoorden
niet verdrietig te zijn. Lief en grappig en af en toe boos,
dat mag wel. Maar verdrietig, nee.
'Ja, het was wel mijn vader,' zei juf. 'En omdat ik zijn enige kind was, moest ik Bartje wel meenemen. Afgelopen
weekend is Bartje gewoon bij me thuis geweest. Dat was
geen probleem, maar vandaag moest ik weer hiernaartoe.
Ik durfde Bartje beslist niet alleen te laten. Hij is in de
war omdat hij zijn baasje mist.'

Onder de kast vandaan hoorde ik intussen zacht Esthers
stem. Ze praatte tegen Bartje op een kalme en bezwerende
manier, alsof ze een liedje opzei. Ik probeerde scherp te

luisteren. Na een tijdje herkende ik woorden: reus en roos. Esther zei een gedichtje op voor Bartje. Ik wist ook gelijk welk gedichtje. Het was een soort slaapliedje. Ik had het haar wel eens horen opzeggen wanneer ze 's avonds haar jongste broertje instopte.

Slaap als een reus
slaap als een roos
slaap als een reus van een roos
reuzeke
rozeke
zoetekoeksdozeke
doe de deur dicht van de doos
Ik slaap

Als ze aan het eind gekomen was, begon ze meteen weer overnieuw.
Juf vertelde ondertussen verder over Bartje. 'Bartje ziet en hoort ook niet zo goed, want het is een heel oud hondje.'
'Hoe oud, juf?' vroeg Bastiaan.
Youri moest plotseling niezen.
'Gezondheid,' zei juf.
'Eerder verkoudheid,' zei Youri. Hij niesde nog eens en veegde zijn neus stiekem aan zijn mouw af.
'Hoe oud?' vroeg Bastiaan nog eens.

'Dertien jaar,' antwoordde juf.

'Maar dat is toch niet zo oud?' zei Sanja. 'Mijn zus is ook dertien.'

Voor het eerst lachte juf een beetje waterig. 'Een mens van dertien is niet oud, maar een hondje wel. Om het met mensen te vergelijken, moet je een hondenleeftijd met zeven vermenigvuldigen.'

'Dus dertien maal zeven? Dat is... eenennegentig jaar,' riep Erik die altijd de knapste van de klas wou zijn. En dat eigenlijk ook wel was, trouwens.

Juf knikte. 'Ja, als je het met mensen vergelijkt, is Bartje eenennegentig jaar.'

'Bartje is dus een opahond!' riep Sanja enthousiast.

'Inderdaad,' zei juf. 'En nou heb ik plotseling een hondje in de klas. Een hoogbejaard hondje dat zo te zien nogal van slag is omdat hij zijn baasje mist. Ik moet straks aan meester Wim vragen of ik Bartje overdag hier mag houden totdat ik een andere oplossing heb gevonden.'

Wij vonden het wel supergaaf. We hadden alleen een goudvis op de vensterbank staan. Een hond in de klas was natuurlijk veel leuker.

'Moet hij straks ook worden uitgelaten, juf?' vroeg Ziggy.

Juf knikte. 'In de kleine pauze. En tussen de middag natuurlijk ook weer.'

'Mag ik dat doen?' riep Bastiaan.

'Nee, ik, ik!' klonk opeens van alle kanten.

'O wauw, allemaal liefhebbers. Hoe gaan we dit oplossen?' zei juf.

'Bastiaan en Jippe, laten jullie Bartje uit in de kleine pauze? Niet te ver afdwalen, gewoon door het plantsoentje heen en weer lopen.'

'Neem wel een poepzakje en een schepje mee,' zei ik.

'Ik ben niet bang voor een drolletje,' riep Bastiaan terug en trok een gek gezicht.

'Voor later bespreken we het dan nog wel,' zei juf Jolijn.

'Zal ik een rooster maken, juf?' riep ik, 'dat we Bartje om beurten uitlaten?'

'Goed idee, Iris,' antwoordde juf.

'Goed idee, Iris,' papegaaide Jippe zachtjes en toen: 'Lekker slijmen bij de juf.'

Ik draaide me om en stak mijn tong uit.

Ondertussen kroop Esther onder de stalen kast vandaan, van top tot teen bedekt onder het stof. Youri begon alweer te niezen.

Esther klopte de allerergste stofvlokken van haar kleren en zei: 'Hij slaapt.'

2 Een vierkant rondje

Van Meester Wim, de directeur, mocht Bartje onze schoolhond worden zolang dat nodig was. Dat had ik ook wel
verwacht, want meester Wim was dol op honden. Zelf had
hij twee van die grijze poolhonden, Huskies. Hij maakte
altijd verre fietstochten met ze. 'Want Huskies hebben
veel beweging nodig,' zei meester Wim. 'Huskies zijn
gewend sleeën te trekken over ijsschotsen en door de
sneeuwstormen'.
Bartje werd na een paar dagen rustiger. Ook rende hij niet
meer meteen onder de kast wanneer hij een hard geluid
hoorde. Hij werd wel gauw moe, maar dat kwam omdat hij
zo'n oud hondje was. Meestal hadden we weinig last van
hem. Tijdens de les lag hij voornamelijk te slapen.
Wanneer hij op zijn rug lag, snurkte hij. Ziggy, die achter-
aan zat, stond dan meestal op om hem op zijn zij te rol-
len. Dan snurkte hij niet meer, tenminste, voor een tijdje.
We lieten Bartje om beurten uit. Op donderdag, in de grote pauze, waren Esther en ik eindelijk aan de beurt.

Voordat we naar huis gingen, zouden we een rondje met hem gaan wandelen.

Ik lijnde Bartje aan en aaide hem over zijn bolletje. 'Waar wil je naartoe, kereltje?' vroeg ik. 'Ben je al eens eerder in het park geweest?'

'Mogen we daar wel heen?' aarzelde Esther. 'Is dat niet te ver?' Ze had het poepschepje en een plastic zakje in haar hand om daarmee eventuele drolletjes op te ruimen.

'Dat lukt gemakkelijk,' zei ik. 'We lopen een vierkant rondje langs de vijver, over het Japanse bruggetje en via het lindelaantje weer terug. Dat wandelde ik toen ik klein was altijd met mijn moeder om de eendjes te voeren.'

'Oké dan,' zei Esther. 'Een vierkant rondje, dat klinkt logisch. Hoe is het trouwens met je vader? Is het niet gek om hem zo weinig te zien?'

Ik haalde mijn schouders op. 'Eigenlijk wel, maar hij belt me gelukkig regelmatig op en dan probeert hij vrolijk te doen.'

'Is-ie dat dan niet?'

'Nee joh, hij vindt er niks aan in zijn eentje, maar dat zegt hij niet.'

'En hoe is het dan nu met je moeder?'

'Ook niet veel aan. Huilen, hè? Ze heeft alweer nieuwe kleren gekocht, van die idiote kleren waar ze eigenlijk veel te oud voor is. Korte rokjes en leggings en strakke truitjes met rare opschriften. Vandaag heeft ze een felblauwe aan, daar staat *Modeliefje* op geborduurd.'

'Pfff,' zei Esther. Ze smoorde haar gegrinnik met haar hand. Ik keek haar zogenaamd wanhopig aan. 'Vind je het niet afgrijselijk? En ze heeft ook nog een knalrode, daar staat op: *Dancing Queen* en een oranje met: *Shop-a-holic.*'

Esther sloeg begrijpend haar arm om me heen.

'En ze gaat 's avonds uit,' zei ik, 'met allerlei onduidelijke vriendinnen. "Ze is maar één keer jong", zegt ze, maar ze is helemaal niet jong. Ze is mijn moeder.'

Esther trok me even troostend tegen zich aan. 'Ben jij dan helemaal alleen thuis?' vroeg ze.

'Ik hoef heus geen babysitter, zeker zo'n typje dat de hele avond met haar verkering zit te bellen.' zei ik. 'Nee bedankt, dan blijf ik liever alleen. Maar ik vind het wel vervelend dat ze altijd zo hartstikke laat thuis komt. En dan stinkt ze vreselijk naar sigarettenrook.'

Nu ik eenmaal begonnen was over mijn moeder, kon ik niet meer ophouden. 'En dan dat smerige eten. Ze gooit steeds een heleboel groenteprut bij elkaar, net of je ontzettend dikke groentesoep eet. En ze kookt gierst en linzen en spelt. "Boordevol gezonde dingen", zegt ze. Heb je wel eens gierst of spelt gehad?'

Esther schudde haar hoofd.

'Ik vind het net vogelvoer,' zei ik, 'en zo smaakt het ook.'

'Je komt maar gauw eens bij ons eten,' zei Esther troostend. 'Dan vraag ik mijn moeder of ze spekpannenkoeken wil bakken.'

Het water liep me onmiddellijk in de mond. Ik hád me toch opeens een zin in spekpannenkoeken met stroop!

'Ze is ook op yoga gegaan,' zei ik, 'om zich te ontspannen.'

'Dat is toch een soort van gymnastiek?'

'Nee, joh, veel slomer. Dan zit je op een matje met je benen in de knoop terwijl je aan helemaal niks denkt. Of misschien aan een vierkant rondje, of zoiets.'

Esther proestte het uit. 'Alweer dat vierkante rondje. Wat heb jij toch met vierkante rondjes?'

Ik moest ook lachen. 'Of een rond blokje.'

Esther grijnsde. 'Weet je, daar ken ik nog een gedicht over.'

'Over een rond blokje? Dat meen je niet. Laat eens horen dan?' vroeg ik. 'Waar heb jij toch al die gedichten vandaan?'

'Lezen, hè?' zei Esther. 'Al jaren lees ik iedere avond een paar gedichten voordat ik ga slapen.'

'Is dat niet vreselijk saai?'

'Ben je mal? Hartstikke leuk juist. Luister maar naar deze:

Toen ik nog een jongen was
zat ik heel vaak in het...
Esther maakte de zin niet af, dus deed ik dat. 'Gras,' zei ik.
'Precies,' zei Esther.
en ik speelde in de zon
met mijn vierkante...
Hier moest ik even over nadenken, want het moest
natuurlijk rijmen. O, ik wist het, ballon!
Esther knikte en zei het gedicht verder op. Als ze stopte,
probeerde ik de goede rijmwoorden erbij te bedenken.

's Avonds hadden we ontbijt.
O, wat leuk was het...
als mijn vierkant bordje kwam
met mijn ronde...

toen ik nog een jongen was
had ik appels in mijn...
Appels smaken juist zo fijn
omdat appels vierkant...

'Vierkante appels,' grinnikte ik. 'Wat een supergedicht, Es.'
Wij lieten ons door Bartje meetrekken naar een berken-
boompje waar hij op z'n hurken ging zitten en een dam-
pende druk deed.

19

'Ieee,' zei Esther. 'We hebben toiletpapier nodig.'

'Ja, daaag, ik ga heus geen hondenbips afvegen. We hebben het poepschepje nodig en het poepzakje. Ruim snel op, joh,' zei ik, 'dan kunnen we terug.'

'Ja, daaag,' zei Esther nu ook. 'Lekker fris klusje waar je me mee op wilt schepen. Waarom doe jij het zelf niet?'

'Durf je niet eens een hondendrol op te ruimen?'

'Jij wel dan?'

Een beetje geïrriteerd liet ik Bartjes riem los. 'Geef dan maar,' zei ik. Ik schepte de drol in het plastic zakje en veegde het schepje af aan een polletje gras. Toen draaide ik me om om de riem weer te pakken, maar er was geen riem.

Bartje was ertussenuit geknepen.

Esther keek net als ik geschrokken om zich heen. Waar was Bartje opeens gebleven? We riepen voortdurend zijn naam, steeds maar weer.

'Had je niet op hem kunnen letten?' snauwde ik Esther toe.

'Ikke? En jij dan?'

'Ik was poep aan het scheppen. Bartje! Bahaartje! Kom dan. Poes, poes, poes!'

Esther keek me aan of ik mijn verstand had verloren. 'Poes poes poes? Het is een hond.'

'Ja en? Ooit iemand hond, hond, hond horen roepen?'

'Jij spoort niet,' zei ze. 'Kom op, we gaan hem zoeken.'
Op een sukkeldrafje renden we het park door. We zochten
niet alleen op de paden, maar ook tussen de struiken en
in de kruidentuin achter de muur. We vroegen aan de vis-
ser, aan de hardloopmevrouw en aan de postbode of ze
een zwart-wit hondje hadden gezien. Maar niemand was
Bartje tegengekomen.

Ik boog voorover omdat ik een steek in mijn linkerzij kreeg van het rennen. Een kwartier geleden had het me zo leuk geleken Bartje uit te laten, maar nu was het opeens een ramp.

'We moeten terug naar school,' zei Esther, 'en het gaan vertellen aan juf Jolijn.'

'Dat we haar hondje zijn kwijtgeraakt?' Ik schudde mijn hoofd. 'Laten we liever nog even verder zoeken.'

Toen slaakte Esther een gilletje en ze wees naar een punt achter me. Ik draaide me om. Heel vrolijk, alsof hij nooit was weggeweest, kwam Bartje aangesukkeld. Hij had een hondenkoekje in de vorm van een botje in zijn bek.

Ik griste de riem van de grond. 'Stoute hond dat je bent weggelopen.'

Esther aaide over Bartjes kop. 'Brave hond dat je bent teruggekomen.'

'Gaan we het tegen juf zeggen?' vroeg ik.

'Wat, dat hij weggelopen was? Liever niet,' zei Esther.

'Is dat niet jokken?'

'Iets niet zeggen is niet jokken,' zei Esther.

Ik vond dat ze helemaal gelijk had. ∎

3 Haren en schilfers

We waren allemaal snel aan Bartje gewend geraakt. Als we in het klaslokaal zaten, lag hij in zijn hondenmand. In de pauzes was er altijd wel iemand met hem aan het wandelen of hij lag onder het bankje bij de boom. Tijdens de gymlessen ging Bartje mee naar het sportveld. Meestal sliep hij daar ook. Ik had nog nooit een hond gezien die zoveel sliep als Bartje. En zo hard kon snurken.
Vandaag brandde de zon door de ruiten waardoor het werkelijk bloedheet in het lokaal was. We hadden al staartdelingen gemaakt en taallesjes ingevuld. Voor taal moesten we zo veel mogelijk spreekwoorden proberen te vinden: Een zwaluw maakt nog geen zomer. Hoge bomen vangen veel wind. Zoals de waard is, vertrouwt hij zijn gasten. Dat soort dingen.
Eindelijk zei juf dat het tijd was om even te pauzeren. We zetten onze stoelen in de kring en pakten onze lunchtrommeltjes en bekers. Youri kreeg weer een niesaanval. Dat had hij de laatste tijd aldoor.

'Wat heb jij mee?' vroeg ik Esther. Haar moeder pakte altijd spannende, lekkere dingen voor haar in, zoals voor-verpakte kaassliertjes of crackertjes. Ik had altijd een saaie bruine boterham met kaas of notenprut.

Esther haalde een zuivelhap uit haar bakje. Yoghurt uit zo'n zuigzak. Superlekker. Mijn dikke, donkerbruine boter-ham leek wel een stuk hout. Ik keek wat ertussen zat. Bah, groen. Ik zuchtte en zette mijn tanden erin.

Bartje was intussen in de kring komen zitten, want tij-dens de fruitkring kreeg hij altijd een knaagbot. Alleen dat maar. Juf wilde niet dat wij Bartje voerden. Dan zou hij iedere keer gaan bedelen als hij ons zag eten.

Natuurlijk gaven sommige kinderen hem weleens stiekem
een broodkorst of zo.
'Wie heeft iets te vertellen in de kring?' vroeg juf Jolijn.
Sanja stak haar vinger op. 'Ik heb een geitje gekregen.'
'Wat leuk zeg,' zei juf, 'zomaar?'
'Mijn vader heeft een stukje weiland van de gemeente
gekocht, dat grensde aan onze tuin. Daardoor is onze tuin
nu veel groter. Papa zegt dat een geitje een goede gras-
maaier is. "Je hoeft hem tenminste niet te duwen", zegt
papa. Hij is wit en heel lief.'
'Tsjonge, wat geweldig, een geitje,' zei juf. 'Misschien mag

je hem met dierendag mee naar school nemen zodat we hem allemaal kunnen zien.'

'Ik zal het vragen,' beloofde Sanja.

'Wie wil Sanja iets vragen over haar geitje?' vroeg juf. Bastiaan stak ogenblikkelijk zijn vinger op en riep: 'Heeft hij al een naam?'

'Het is een zij en ze heet Geertje,' zei Sanja.

'Geertje het geitje,' lachte juf. 'Prachtig, het klinkt als een titel voor een tekenfilm.'

Esther stak eveneens haar vinger op. Nog voordat ze de beurt kreeg, riep ze: 'Ik ken een gedicht over een geitje.'

'Het zal ook eens niet zo zijn,' glimlachte juf. 'Laat maar horen, Es, en ga er maar bij staan, dan kunnen we je allemaal goed verstaan.'

Esther stond op en zei:

Ik ben zo moe, zo moe, zei het geitje.
Het zakte door zijn knieën
en plofte op het weitje.
Het weitje zei: ik ben ook zo moe.
Het rolde zich op
en dekte het geitje zo toe.

Wij klapten allemaal keihard toen het uit was.

'Wat een enig gedicht, Esther en wat heb je het prachtig

voorgedragen ook,' zei juf. 'Misschien kun je het ons vanmiddag ook leren. En dan maken we er een tekening bij. Heeft iemand anders nog iets bijzonders te vertellen?'
Ik slikte even en stak mijn vinger op. De andere kinderen en juf Jolijn moesten het toch ook maar weten.
'Iris, wil jij iets vertellen?'
'Mijn vader en moeder zijn uit elkaar.'
Sommige kinderen werden opeens doodstil, anderen begonnen te smoezen achter hun hand. Hoorde ik Sanja nou 'zielig' fluisteren tegen Aradhna? Ik keek woedend hun kant op.
'Ach meisje,' zei juf. 'Wat spijt me dat voor je. En ook voor je ouders, trouwens.
'Het is een proefscheiding,' zei ik met een dikke prop in mijn keel.
'Dus gaan ze waarschijnlijk over een tijdje toch weer samen verder?' vroeg juf.
Ik haalde weifelend mijn schouders op.
'Heel veel sterkte,' zei juf opbeurend. 'Als je er wat uitgebreider over wilt praten, kom je na schooltijd maar bij me.'
Ik knikte. Ik kon aan juf zien dat ze het werkelijk meende. Aan één kant zag ik ertegenop om te praten over al die sombere gedachten die als een verwarde kluwen wol in mijn hoofd zaten. Maar juf Jolijn zou me wel begrijpen.

Juf keek op de klok. 'Tijd om even naar buiten te gaan, kinderen.'

Maar op dat moment stak Youri zijn vinger op. 'Ik moet ook nog iets vertellen,' zei hij, terwijl hij tegelijkertijd moest niezen. Hij snoof een keer en ging verder: 'Ik ben gistermiddag naar het ziekenhuis geweest.'

Juf schrok. 'Ach, is er iets mis?'

'Ik moet de laatste tijd aldoor niezen. En ik heb voortdurend rode ogen en een loopneus.'

Ja, dat hadden we allemaal wel gemerkt, want Youri snotterde, proestte en snoot hele schooldagen door.

'Ik dacht dat je snipverkouden was,' zei juf.

'Dat dachten wij eerst ook,' zei Youri, 'maar het ging maar niet over. Toen kreeg ik in het ziekenhuis allemaal verschillende soorten prikjes op mijn rug.'

Juf knikte. 'Ik begrijp het al, je hebt een allergietest gekregen.'

'Wat is dat?' riep Bastiaan.

'Dan kijken ze of je ergens niet tegen kunt,' legde Youri uit. 'Sommige mensen krijgen uitslag van aardbeien of ze raken bewusteloos als ze een wespensteek krijgen.'

'En, is er iets uit die allergietest gekomen?' vroeg juf.

Youri staarde verdrietig naar zijn schoenen toen hij fluisterde: 'Ik ben allergisch voor honden.'

Iedereen was ogenblikkelijk stil, behalve Bartje die met
het bot tussen zijn voorpoten geklemd lag en er verwoed
op los knaagde.

Juf haalde een hand door haar haar. 'Dus dat jij altijd
moet niezen, komt...'

Youri knikte en vulde aan: 'Door Bartje, door zijn haren en
huidschilfers.'

'Bartje is een heel schoon hondje,' zei ik, 'en hij schilfert
niet.'

Youri keek me ongelukkig aan.

'Is er helemaal niks tegen te doen?' vroeg juf.

'Mijn moeder wil met u praten, vanmiddag,' zei Youri.
'Maar ik wilde het eerst zelf vertellen. De dokter zegt dat
ik beter uit de buurt van honden kan blijven.'

'Kan Youri niet op de gang gaan wonen?' gilde Jippe.

'Kaken op elkaar, Jippe,' zei juf streng. 'O grutten, Youri.
Bartjes haren en schilfers liggen natuurlijk door het hele
lokaal. Dat kun je niet tegenhouden.'

Ik stak mijn vinger op. 'Zal ik iedere middag na schooltijd
stofzuigen, juf? Misschien helpt dat.'

Jippe trok een gezicht naar me. Zijn mond vormde het
woord 'slijmjurk'.

Ik stak mijn tong uit en zei toen: 'En we kunnen Bartje
ook regelmatig wassen met veel shampoo.'

'Elke dag een schuimende hond in de wasbak zeker,' zei
juf. 'Nee jongens, we moeten een nieuw baasje voor
Bartje zoeken. Dat gevoel heb ik al de hele week, maar
die allergietest van Youri geeft de doorslag. Vragen jullie
thuis eens of er plaats is voor een hondje. Als iemand van
jullie Bartje wil en mag hebben, vertel het me dan alsjeblieft direct.'
We wilden allemaal Bartje dolgraag hebben, dus zeiden
we dat we het thuis zouden vragen.
'Ik mag hem toch niet,' zei Esther tegen me. 'Ik heb poes
Minous. En mijn moeder vindt één huisdier meer dan
genoeg, dat weet ik nu al.'
'Ik zou hem hartstikke graag willen,' zei ik. 'Gezellig, zo'n
hondje, zeker nu er thuis niks meer gezelligs is.'
'Ik hoop dat jij hem mag hebben,' zei Esther, 'dan kunnen
we hem samen uitlaten. En dan komt Bartje tenminste
niet bij een H.E.P. terecht.'
'Wat bedoel je? Wat is een H.E.P.?'
'Een Heel Eng Persoon. Iemand die bijvoorbeeld honden
slaat en schopt.'
'Hoe kom je erbij,' zei ik verontwaardigd, 'in onze klas zit-
ten toch geen enge personen die dieren mishandelen?'
'Juf, als Youri nou eens een mondkapje voordoet?' vroeg
Anouk. 'Dan ademt hij geen stoffen meer in waar hij

allergisch voor is. Mijn vader is tandarts en hij heeft
altijd een mondkapje voor en rubberen handschoenen aan
als hij patiënten moet behandelen. Hij heeft een la vol
van die dingen. Ik mag best een setje handschoenen en
een mondkapje meenemen voor Youri.'
'Ja?' zei Youri en hij keek verlangend. Volgens mij wilde
hij ook helemaal niet dat Bartje wegging.
'Ik weet niet,' zei juf hoofdschuddend. 'Ik zie Youri nog
niet in de klas zitten met een mondkapje voor en rubberen handschoenen aan. Ik vraag mij ook af of zijn ouders
dat wel goedvinden.'
'Ik wil het best proberen, juf!' zei Youri gretig.
'Ach jongen,' zei juf. 'Ik moet vanmiddag eerst maar eens
met je moeder praten. En ik denk echt dat we een nieuw
baasje voor Bartje moeten zoeken, eerlijk waar, jongens.
Dat is voor iedereen het allerbeste.'
Ze keek op haar horloge. 'Als jullie nog naar buiten willen,
moeten jullie opschieten. De pauze is allang begonnen.
Wie van jullie laat Bartje uit?'
'Hatsjie, hatsjoe! Erik en ik zijn aan de beurt, juf,' niesde
Youri.
'Zou je dat nou wel doen, Youri?' vroeg juf.
'Het kan nu nog, juf,' snifte hij dapper tussen twee niezen
door. Snotterend verdween hij, samen met Erik en Bartje.

4 Rondfladderende stenen

'Vind je het niet erg om alleen naar huis te lopen?' vroeg ik Esther nadat de bel was gegaan. Ik speelde met een haarspeldje en durfde haar eigenlijk niet aan te kijken.
'Je wilt zeker nog even met juf praten?' vroeg Esther.
'Tuurlijk, joh. Dan zie ik je morgenochtend wel weer.'
Ik knikte. Natuurlijk begreep Esther het weer meteen.
Lieve Es.
De klas stroomde leeg. Jippe en Ziggy liepen te duwen en te stompen, zoals gewoonlijk. Juf haalde ze meteen uit elkaar. 'Niet binnen op dat skateboard,' hoorde ik haar nog roepen. 'Bastiaan, haal die muts uit je ogen, straks loop je nog tegen de deurpost. Dag jongens, tot morgen.
Sanja, niet vergeten dat je volgende week donderdag een spreekbeurt hebt. Krijg ik morgenochtend je onderwerp te horen?'
Ik bleef zitten waar ik zat en boog intussen mijn haar-speldje krom. Als ik hem terugboog, zou er een bobbel in blijven zitten, maar hij zou nooit meer worden zoals hij

moest zijn. Ik kon hem eigenlijk wel weggooien.

Juf liep langs me en deed de schuifdeuren van de kast dicht.

Ik wilde van alles tegen haar zeggen, maar ik wist niet hoe ik moest beginnen. Ze ging gelukkig niet tegenover me zitten, maar bleef schriften sorteren en op hoopjes leggen en in de kast rondrommelen, wat ik wel fijn vond.

'Ik ben niet zielig,' knalde ik er plotseling uit.

'Wie zegt dat? Waarom zou je zielig zijn?' vroeg juf.

'Iedereen vindt het zielig voor me dat mijn ouders tijdelijk gescheiden zijn. Of ze vinden het gek.'

Juf liet mijn uitbarsting eventjes op zich inwerken. 'Er zijn ik weet niet hoeveel kinderen met gescheiden ouders,' zei juf. 'In onze klas kan ik er tenminste al zeven verzinnen, dus ik denk dat dát wel een beetje meevalt.'

'Ik moet er steeds aan denken,' zei ik, terwijl ik ondertussen aan een tweede haarspeldje begon. 'En dan krijgen mijn sommen allemaal verkeerde uitkomsten.'

'Soms is je hoofd net een emmertje water dat overstroomt,' zegt juf. 'Dan loop je over teveel dingen te piekeren. Ik heb dat tegenwoordig ook wel, nu mijn vader is overleden. Ik herinner me steeds dingen die we vroeger samen hebben gedaan. Dat gepieker houdt me dan zo bezig dat ik allerlei andere dingen vergeet, bijvoorbeeld om de vuilcontainer op tijd aan de weg te zetten. Of ik vergeet mijn beste vriendin op haar verjaardag te bellen of ik vergeet dat ik een afspraak met de kapper had. Op zo'n moment stroomt mijn hoofd over. Gek hè?'

Ik draaide me half om, om juf aan te kijken. 'Dat begrijp ik wel,' zei ik. 'Als ik aan de proefscheiding denk, dan...'

Ik boog de haarspeldjes helemaal recht, 'dan krijg ik zo'n akelig gevoel in mijn buik, alsof er vlinders in zitten. Of nee, zwaarder, meer stenen, rondfladderende stenen.'

Ik trok eventjes mijn mondhoeken op, maar een glimlach wilde het niet worden.

'Ik weet precies wat je bedoelt,' zei juf.

Ze ging nu toch tegenover me zitten, een beetje opgevouwen omdat het stoeltje veel te klein voor haar was.

'Die fladderende stenen herken ik wel. Ik heb af en toe ook zo'n akelig gevoel in mijn buik, sinds mijn vader overleden is. Ik krijg er slapeloze nachten van. Maar weet je, het gaat weer over, dat gevoel. Die stenen worden na een poos lichter.'

Ik knikte bijna onmerkbaar. 'Ik denk steeds...'

Juf zei niks, maar wachtte rustig tot ik mijn zin afmaakte. Ik durfde hem bijna niet uit te spreken. Zachtjes dan maar, '...dat het misschien mijn schuld is dat mijn ouders uit elkaar gegaan zijn.'

'Waarom denk je dat het jouw schuld is?' zei juf, ook heel zachtjes.

Onzeker haalde ik mijn schouders op. 'Misschien had ik... had ik... liever moeten zijn.'

Ik draaide de twee vermoorde haarspeldjes om elkaar heen. 'Als ik vaker mijn kamer had opgeruimd bijvoorbeeld, of ze minder vaak had gestoord terwijl ze samen zaten te praten. Mijn moeder zei wel eens dat ze nooit meer iets gezelligs alleen met mijn vader deed, sinds ik er was.'

'Dat is dan haar eigen schuld,' zei juf beslist. 'Iris, het is absoluut niet jouw schuld dat je ouders gescheiden zijn. Het is hun eigen keus. Jij hoeft niet ervoor te zorgen dat het gezellig is bij jou thuis, daar moeten zij voor zorgen. Meisje toch.'

Juf legde haar hand op mijn arm. De haarspeldjes vielen kletterend op de tafel.

'Ze hadden eigenlijk best vaak ruzie over mij,' zei ik. 'Mam vond altijd dat pap niet streng genoeg was.'

'Wat jij je allemaal niet in je hoofd haalt,' zei juf. 'Luister Iris, het is heel normaal dat je wat in de war bent, dat je je verantwoordelijk, boos of schuldig voelt. Maar zelfs al houden je ouders niet meer van elkaar, ik ben ervan overtuigd dat ze van jou ontzettend veel houden. Daar ken ik je ouders allebei goed genoeg voor. Weet je nog, die keer dat ze alletwee meewerkten aan het kerststuk waarin jij een schaapje was?'

Ik lachte waterig. Ik herinnerde me het toneelstuk in groep vier nog heel goed. Op het allerlaatste moment was er een schapenpakje te weinig zodat pap de bescherm-hoes van zijn autostoel had gesloopt, en mam er tien minuten voor het doek opging een staart aan had gemaakt van een zwabber uit de bezemkast.

'Ik was een prachtig schaapje,' zei ik, 'het enige schaapje met een echte wollen schaapsvacht aan.'

'Je ouders houden onvoorwaardelijk van je, wat er ook tussen hen gebeurt,' zei juf met grote stelligheid. 'En, onthoud dat goed, als ze gaan scheiden, is dat niet jouw schuld. O Bartje, wat doe je nou?'

Bartje stond in hurkhouding in een hoek van het lokaal.

'Nee, nee, Bartje, alsjeblieft niet hier.' Juf rende naar haar plaats om de hondenriem van haar schrijfbureau te grissen.

'Sorry Iris, noodgeval. We moeten een andere keer verder praten. Ga je mee, Bartje uitlaten?' vroeg ze me.

'Als ik nog langer wegblijf, wordt mijn moeder ongerust,' antwoordde ik. 'Dank u wel juf.'

'Jij ook bedankt,' zei juf. 'Ik ben blij dat je bij me komt

als je je ongelukkig voelt. Soms lucht het op om even met
iemand te praten.'
'Mijn stenen voelen al een beetje lichter,' zei ik en ik
meende het echt.

5 Miss Poes

Het was acht uur 's ochtends. Ik gooide de laatste stukjes boterham met notenprut in de afvalbak, want als ik nog een hap nam, stikte ik. Gelukkig zag mijn moeder het niet. Buiten regende het pijpenstelen en het was vandaag ook nog maandag. Kon het erger?

Esther kon ieder ogenblik hier zijn om me op te halen.

'Mam, ik wil je graag iets vragen,' zei ik.

Mijn moeder liep nog in haar ochtendjas rond, haar haar stond alle kanten op. Geïrriteerd schudde ze de brood- rooster heen en weer. 'Doet dat apparaat het alweer niet,' mopperde ze. 'Hoe krijgt je vader hem iedere keer aan de praat?' Ze gaf er een harde klap tegenaan.

'Niet door te slaan,' zei ik. 'Maar mag ik nou iets vragen?'

'Wat?' vroeg mijn moeder. Ze keek nogal gestrest.

'Mag ik een hond, alsjeblieft?'

'Een hond? Nee, natuurlijk mag je geen hond.'

'Waarom zeg je gelijk nee? Laat me nou even vertellen waarom ik het vraag,' zei ik en ik vertelde over Bartje.

'En dan mag ik straks die Bartje uitlaten zeker,' snoof mijn moeder, 'door de sneeuw en door de plensbuien, en hem zeker voeren als jij het vergeten bent.'

'Ik zal heus goed voor hem zorgen,' zei ik, 'bovendien is Bartje een reuze gemakkelijk hondje.'

'En weet je wel wat zo'n beest aan hondenvoer opeet?' ging mijn moeder verder. 'We missen je vaders inkomen. Alles is tegenwoordig onbetaalbaar geworden.'

'Er is anders wel genoeg geld voor nieuwe kleren en yoga-lessen,' mompelde ik binnensmonds.

'Wat zei je?' vroeg mijn moeder. Ze keek me zo venijnig aan dat ik het niet aandurfde het nog eens te zeggen.

'Van pap zou het vast wel mogen,' zei ik opstandig. 'Pap is gek op beesten.'

Dan vraag je het maar aan je vader,' zei m'n moeder bits, 'maar ik wil geen hond.' Ze keek op de klok. 'Komt Esther je vanochtend niet ophalen?'

'Vast wel,' zei ik. 'Maar ik kan toch nog niet weg. Deze spijkerbroek zakt voortdurend af en in mijn nieuwe riem moeten nog een paar gaatjes worden bijgemaakt. Pap doet dat altijd met de gaatjestang.'

'Ja, maar pap is er niet, hè? En ik heb geen flauw idee waar de gaatjestang is,' zei mam geprikkeld.

'Waarschijnlijk in zijn gereedschapskist.'

'Ga zoeken dan,' zei mijn moeder.

'Kan niet, Esther komt zometeen.'

Toen ging de bel. 'Daar zul je haar hebben. O, ik moet mijn knikkers nog pakken en mijn gymspullen,' zei ik. Ik rende haastig naar de gang, gooide de voordeur open, schreeuwde 'hoi' tegen Esther, rende de trap op, zocht overal tevergeefs naar mijn gymbroek en rende de trap weer af.

'Mam, waar is mijn zwarte gymbroek?'

Mijn moeder stond inmiddels in de garage tussen het gereedschap te rommelen. 'Weet ik niet,' zei ze vaag, 'en ik weet ook niet waar de gaatjestang is.'

'Maar ik heb hem nodig,' zei ik paniekerig. Op hetzelfde moment zag ik mijn gymbroek liggen, in de wasmand, smerig, met een stel kleddernatte handdoeken erbovenop.

'Waarom heb je mijn gymbroek niet gewassen?' schreeuwde ik en ik hield hem tussen duim en wijsvinger ver van me af.

'Houd je brutale mond,' riep mijn moeder terug. 'Ik ben hier voortdurend voor jou bezig, die verdraaide tang aan het zoeken. O bagger...'

Er klonk geschuif en gerinkel van allerlei dingen die stukvielen. Ik schrok me een ongeluk. Mijn moeder kwam in tranen de keuken weer in.

'Al mijn bloemenvazen zijn gebroken,' stamelde ze. 'Hoe

moest ik nou weten dat die plank los zat?' Vertwijfeld liet
ze zich op een keukenstoel zakken. Met haar hoofd in
haar handen begon ze op te sommen: 'En ik kan de gaatjestang niet vinden en ik weet werkelijk niet waar je
vader alles bewaart en de broodrooster is kapot.'
'En ik moet gaatjes in mijn riem,' riep ik boos.
Dat had ik beter niet kunnen zeggen, want mam
schreeuwde: 'Is dat nou werkelijk het enige waar jij aan
denkt?' Ze sprong op, rukte de keukenla open, greep de
schaar en stak die in mijn nieuwe riem. Ik wilde 'niet

doen' roepen, maar er kwam geen geluid uit mijn keel.

Opnieuw ramde ze de schaar in mijn riem.

Mijn moeder keek me waterig door haar tranen aan. 'Zo, nu heb je gaten in je riem,' zei ze. 'Met je vader ga je gezellig winkelen, maar ik moet wassen en koken en gaten in riemen maken en de auto naar de garage brengen en alles alleen doen.' Haar hoofd was knalrood van woede. Ik werd bijna bang van haar, zo griezelig deed ze.

'Dit is niet eerlijk,' fluisterde ik. Ik kneep zo hard in de vieze gymbroek dat mijn knokkels spierwit werden.

Esther was intussen zachtjes binnengekomen. 'Waarom gaat u niet even zitten?' zei ze.

Mijn moeder deed het en begon tegelijk hartverscheurend te snikken.

Ik schrok er vreselijk van. Een moeder hoorde niet zo overspannen te doen. Maar Esther leek het helemaal niet vreemd te vinden. 'Rustig maar, rustig maar,' zei ze een tijdlang en ze streelde mijn moeder troostend over haar rug. Toen mijn moeder een beetje bedaarde, vroeg ze: 'Waarom bent u dan zo verdrietig?'

'Omdat... omdat...,' stotterde mijn moeder, 'omdat ik die riem heb verpest, en de was niet heb gedaan, en omdat ik zo vreselijk alleen ben.'

Ik blies mijn wangen bol. Hoezo, alleen? Wat was ik dan?

Een schilderijtje aan de muur?

'U voelt zich alleen?'

'Voortdurend,' zei mijn moeder. 'Toen Roel hier nog woonde, ook. Daarom dacht ik dat het door hem kwam. Ik dacht dat ik gelukkiger zou zijn zonder hem, omdat hij me tegenhield.'

Ik tilde mijn arm op en tikte tegen mijn horloge om aan te geven dat we naar school moesten. Over tien minuten zou de bel gaan. Esther knikte dat ze het begrepen had.

'Tegenhield om leuke dingen te doen,' ging mijn moeder verder. 'Exotische reizen maken, nieuwe mensen ontmoeten, interessante lezingen bijwonen, maar Roel wilde nooit wat... '

'En doet u nou leuke dingen?'

'Ik probeer het wel,' snufte mijn moeder met rode oogjes, 'ik heb allemaal modieuze kleren gekocht.'

Esther keek naar haar T-shirt. *Miss Poes* stond erop.

Ik voelde me heel ongemakkelijk. Het was alsof mijn moeder het kind was, en Esther het grote mens in plaats van andersom.

'Ja?' zei Esther.

'Maar ik vind al die dingen eigenlijk niet boeiend. Ik voel me nog steeds leeg vanbinnen,' snikte mijn moeder.

'U moet vriendjes worden met uzelf,' zei Esther. 'Dat zegt

mijn vader altijd: eerst vriendjes worden met jezelf, dan pas kun je vrienden worden met anderen.'

'Denk je dat?' snifte mijn moeder.

'Vanbinnen kun je altijd jong zijn,' zei Esther. 'Daar zijn geen andere kleren voor nodig.'

'Hoe weet jij al die dingen?' vroeg mijn moeder. 'Jij bent nog maar tien, maar toch ben je al zo veel verstandiger.'

'Mijn vader zegt dat ik een oude ziel heb,' zei Esther opgeruimd.

'Nou, de mijne ís een oude ziel,' zei ik, 'een oude, zielige zielenpoot. Pap vindt het vreselijk om alleen te wonen, mam. Hij kan er helemaal geen sikkepit van. Hij eet bijna iedere dag diepvriesmaaltijden die hij moet opwarmen in de magnetron. Hij draagt verschillende sokken. En ik mis ons drieën.'

'Ja?' Mijn moeder haalde haar neus op.

'Pap wil veel liever bij ons zijn.'

'Zegt hij dat?'

'Nee, maar dat kan ik wel merken, hij is net een... net een... patatje zonder mayonaise, of een lamp zonder kap.'

Wat stond ik nou weer te kletsen.

'Waarom belt u hem niet eens op?' vroeg Esther.

Mijn moeder poetste met haar mouw over haar behuilde gezicht. 'Misschien doe ik dat wel,' zei ze. 'Sorry van die

riem, Iris. Ik koop binnenkort wel een nieuwe voor je.'
'Graag eentje met wat meer gaatjes,' zei ik.
Mam lachte waterig. 'Afgesproken,' zei ze en met een blik
op de klok: 'O help, jullie zijn bijna te laat.'
'We hollen wel naar school,' zei Esther.
Mijn moeder keek ons na door het raam terwijl we door
een grijs gordijn van regen het tuinpad afrenden.

6 Zwarte meneer Witteman

Juf plofte op haar schrijfbureau neer. 'O, mijn twaalfuurtje,' zei ze geschrokken en ze trok een zakje geplette boterhammen onder haar bips vandaan. Bartje was in zijn mand gekropen en lag zoals ieder dag alweer op zijn rug te snurken.

Youri niesde zich ongelukkig.

'Het stofzuigen van gistermiddag heeft duidelijk niet geholpen,' zei juf. 'Jammer, dus we hebben echt een nieuw baasje nodig. Is er misschien iemand van jullie die Bartje mag hebben?'

Het bleef een tijdlang stil.

Juf keek onderzoekend naar onze gezichten. 'Hebben jullie allemaal bij je ouders geïnformeerd? Heeft niemand plaats voor een hondje?'

'Mijn moeder wil geen huisdier, juf,' zei Erik, 'anders had ik Bartje graag willen hebben.'

'Wij hebben al een poes, juf,' zei Esther.

'Wij wonen in een heel klein flatje,' zei Robin.

'Dat is helemaal niet fijn voor een hond.'

'Nee, daar heb je gelijk in,' antwoordde juf instemmend.

'Hatsjie, hatsjoe!' zei Youri.

'Jammer,' zei juf. Ze keek verdrietig. 'En van de andere meesters en juffen is er ook al niemand die Bartje kan hebben.' Terwijl ze al pratend uit het raam keek, schrok ze van iets dat ze zag.

'Ook dát nog,' kreunde ze.

'Wat is er, juf?'

Wij keken ook uit het raam, maar zagen op straat niks bijzonders. Er stonden een paar moeders bij het fietsenhok te praten en er stonden een paar auto's geparkeerd. Uit een zwarte auto stapte een man met een zwart pak aan. Hij had zwart, glad haar met een rechte scheiding, een bril met een zwart montuur op en een zwart koffertje in zijn hand.

'Meneer Witteman,' kreunde juf, 'de schoolinspecteur.'

'Komt die hiernaartoe?' vroeg Sanja.

Juf rolde met haar ogen. 'Geloof dat maar. O, verdraaid, dat die man uitgerekend nu komt, net nu Bartje hier is.' Ze praatte heel gehaast. 'Hij komt hier al jarenlang op school. Af en toe zie ik hem ook in het dorp. Zijn moeder schijnt hier ergens in de buurt te wonen. Ik vind hem altijd zo ontzettend streng en eng. Typisch zo'n meneertje

dat van netjes en rust en regelmaat houdt. En ik weet
eigenlijk wel zeker dat hij mij ook niet mag. Hij vindt me
natuurlijk een ongelooflijk rommelmens.'
Juf had ondertussen het zakje geplette boterhammen in
haar handen fijngeknepen.
We keken naar haar schrijfbureau waarop wel vijftig ver-
schillende dingen lagen. 'Dat is ze ook wel, eigenlijk,'
fluisterde ik in Esthers oor.
'Als hij Bartje in de klas ziet zitten...,' jammerde juf.
'Hatsjie, hatsjoe!' zei Youri.
'En Youri die allergisch voor hem is...'
'Hatsjie. Hatsjoe!'
'Krijgt u dan op uw kop, juf?' vroeg Bastiaan.
'Nog erger dan jij toen je die kikker aan die ballon opliet,'
zei juf.
'Oei,' zei Bastiaan.
'Iris en ik verstoppen Bartje gewoon eventjes, juf,' zei
Esther en ze wenkte me dat ik mee moest komen.
Ik had er geen flauw benul van wat Esther wilde, maar ze
liet me de andere kant van de hondenmand vastpakken.
Samen sjouwden we Bartje het lokaal uit.
'Wat gaan jullie doen?' zei juf en ze zwaaide met het
boterhamzakje door de lucht.
'We brengen Bartje gewoon even naar een veilige plek

waar de inspecteur niet zal komen,' riep Esther.

Bartje sliep rustig door.

Wij stommelden samen door de gang met de wiebelende
hondenmand tussen ons in. Uit onze ooghoeken zagen we
hoe meester Wim de inspecteur de hand schudde.

'Waar gaan we naartoe?' siste ik Esther toe.

'Koffiekamer,' zei ze zacht.

'Nee, joh,' fluisterde ik hard terug. 'Daar gaat de inspecteur straks koffiedrinken met alle juffen en meesters.'

We zwenkten de andere kant op. Bartje sliep nog steeds
als een roos. Rechtsaf was de gymzaal. We keken het kale
vertrek in. Tegen de ene muur hingen wandrekken. Links
stonden een paar banken, een bok en een kleine trampo-
line, maar nergens zagen we een goede verstopplek.

'Hier komt de inspecteur natuurlijk ook kijken,' zei Esther
met een blik op de grijze stofvlokken in de hoeken. 'En
dat is maar goed ook. Wat een stofnesten, zeg. Verder.'

De volgende deur was die van het kopieerkamertje. Daar
stond een tafel met daarop de kopieermachine. Langs de
muren stonden rekken met papier en dozen voor het oud
papier. 'Hier dan maar,' besloot Esther.

We zetten de hondenmand met Bartje erin tegen de muur.
We stapelden een paar dozen oud papier voor hem op,
zodat je hem niet kon zien.

'Hier is hij veilig,' zei Es. 'Zodra de inspecteur vertrokken is, halen we hem weer op.'

Toen we weg wilden gaan, deed Bartje één oog open.

Es ging op haar hurken zitten en fluisterde: 'Je moet even een halfuurtje stil zijn, Bartje. Vooral niet blaffen en niet snurken, maar zo stil zijn als... als...'

'Een stilstaande auto,' fluisterde ik. 'Zo stil als een lamp.'

De rest van het gedicht dat Esther me een tijdje geleden verteld had, zat nog helemaal in mijn hoofd. Ik was er zelf verbaasd over. Het gedicht ging over alles wat je kon zien, maar niet kon horen.

Het ging zo:

Een stilstaande auto
een lamp
een doosje lucifers, dat op tafel ligt
een klok, die stil staat
een standbeeld
een schilderij
een kleur
een vliegtuig, dat buiten gehoorsafstand is
een speld
een rebus
een postzegel

een oog

een chocolaatje

een weiland

een drempel

een getekend poppetje

een vingerafdruk

een plafond

Esther grinnikte omdat ze precies wist wat ik bedoelde. Ze aaide Bartje over zijn kop. 'Zo stil moet je zijn,' zei ze. 'Straks komen we je weer ophalen.'
Voorzichtig sloten we de deur van het kopieerkamertje, om onmiddellijk oog in oog te staan met meester Wim en de inspecteur.
'Wie halen jullie zo weer op?' lachte meester Wim. 'Heb je misschien een vriendje in dat kamertje verstopt, Esther? Trouwens, waarom zitten jullie niet in de klas?'
'Eh,' zei ik. We moesten ervoor zorgen dat meester Wim en de inspecteur niet het kopieerkamertje ingingen. 'We waren even een... een... werkstukje aan het opbergen, meester.'
'O ja, wat voor werkstukje dan?'
'Eh... over een hond, meester.'
Terwijl ik meester Wim duidelijk probeerde te maken dat

Bartje in het kamertje zat, stond Esther te wijzen en rare gezichten tegen hem te trekken. Zo te zien snapte hij daar niks van.

'Een werkstuk over een hond die Bartje heet, meester,' zei ik daarom.

Ik zag opeens het kwartje vallen bij meester Wim. 'Oei, Bartje,' zei hij. 'Het hondje Bartje. Eh, van dat werkstuk.'

Ik knikte. 'Het werkstuk in het kopieerkamertje, meester.'

Meester Wim schraapte zijn keel. 'Nou, dan zullen we jullie niet storen, meiden. Ga maar lekker verder. Dan loop ik met meneer Witteman naar het koffiekamertje. Hebt u trek in een kopje koffie?'

'Ik drink geen koffie,' zei meneer Witteman toonloos.

'Een kopje thee dan?' zei meester Wim sussend en hij leidde de inspecteur bij ons vandaan. Bij het koffiekamertje keek meester Wim nog een keer achterom. Hij stak zijn duim naar ons op.

7 Bartjes geheim

Natuurlijk waren we weer aan het knikkeren voor de bel
ging. Ik had de mijne lekker stevig in mijn etui gestopt.
Mijn pennen moesten zolang maar los in mijn kastje rond-
slingeren.
Elk tegelputje was bezet door een groepje. Ik knikkerde
met Esther en Sanja. We hadden tien tegels afstand geno-
men. Jammer dat het een potje voor de lol was, want
Sanja had een regenboogbonk die ik best zou willen hebben.
'Kijk nou,' zei Sanja plotseling. We keken allebei tegelijk
de kant op die ze aanwees.
Anouk stond met Youri te praten. Ze gaf hem een mondkapje en twee witachtige, rubberen handschoenen. Youri
knoopte eerst het mondkapje voor zijn gezicht en trok
toen de rubberen handschoenen aan.
Wij proestten het uit. Het zag er zó mal uit. Youri was net
een klein doktertje. Zijn ogen keken ons boos aan boven
het mondkapje. 'Als het helpt, kan het me niks schelen,'

zei hij. Door dat mondkapje klonk het heel raar, alsof
iemand een hand voor zijn mond hield.
'Ik vind het tof dat je het probeert, Youri,' zei Esther.
'Ik wil dat Bartje bij ons blijft,' klonk Youri's antwoord dof.
'Gisteren was je hem anders bijna kwijt,' zei Ziggy die op
z'n skateboard langskwam. Hij probeerde een kickflip te
doen. Dat mislukte hartstikke. Hij kukelde van zijn board
en zette het weer recht. 'Jij en Bastiaan.'
'Hoe kom je daarbij? vroeg Youri kwaad.
'Heeft Bastiaan me zelf verteld.' Ziggy skatete weg, kwam
weer terug en maakte een ollie die lukte. Na de sprong
landde hij keurig en het skateboard rolde verder. 'Dat jullie Bartje uitlieten, en dat hij hem opeens smeerde.'
'We konden het echt niet helpen,' zei Youri door zijn mas-
ker. 'We liepen met hem in het park. Omdat we wilden kijken of hij ook stokken kon terugbrengen, hadden we hem
even losgelaten.'
De halve klas was inmiddels om ons heen komen staan.
'En toen rende hij zomaar weg?' vroeg Aradhna.
Youri knikte. 'Gelukkig vonden we hem snel weer terug.
Hij had zo'n hondenkluifje in z'n bek.'
'Dat is ons ook gebeurd. Vorige week, toen wij hem moch-
ten uitlaten,' zei Floor. 'Toen kneep hij er ook tussenuit.
En hij had ook een kluifje in zijn bek toen hij terugkwam.'

Esther en ik keken elkaar aan. Precies wat ons ook was
overkomen. Dus wanneer Bartje uitgelaten werd, probeerde hij te ontsnappen en ging hij ergens naartoe waar hij
een kluifje kreeg.

We spraken met elkaar af dat we het juf niet gingen vertellen. Anders mochten we Bartje misschien niet meer
uitlaten. We moesten zijn riem gewoon steviger vasthouden zodat hij niet meer kon ontsnappen.

'Maar waar gaat hij naartoe?' zei Esther zacht. 'Dat wil ik
wel eens weten.'

'Als Bartje wegrent, houden we hem nooit bij. Dus hoe
zouden we daar achter moeten komen?' vroeg ik.

'Ik bedenk wel iets,' zei Esther. 'Ik kan wel iets maken...
Zeg, mag ik die riem die je moeder heeft stukgemaakt?'

'Waarvoor in vredesnaam?'

Maar voor Esther kon antwoorden, luidde meester Wim de
bel. Wij borgen de knikkers op en gingen naar binnen.

Juf Jolijn zat al achter haar schrijfbureau. Bartje lag in
zijn mand met zijn staart over de rand. Hij kwispelde heel
onschuldig toen we binnenkwamen. Maar wij wisten
inmiddels dat Bartje een geheim had. Ik liep naar hem
toe en kriebelde hem op z'n kop. 'Waar ga jij toch steeds
naartoe, kleine boef? vroeg ik hem zacht.

Bartje keek mij trouwhartig aan. ▮

8 De advertentie

'Ik heb een plannetje om een baas voor Bartje te zoeken,'
zei juf. 'We gaan vanochtend een advertentie bedenken.
Een vriendin van me die bij de krant werkt, wil hem gratis
plaatsen. Goed hè? Ik had zo gedacht, jullie schrijven
allemaal een mooie advertentie. Dat mag in groepjes van
twee. En dan lezen we die straks aan elkaar voor. We kie-
zen de mooiste uit. Die komt dan in de krant.'
'Gaan we Bartje echt weggeven?' vroeg Esther.
Juf zuchtte. 'We moeten doen wat voor Bartje het beste
is. En dat is een echt baasje voor hem vinden. Eentje die
heel veel tijd en aandacht voor hem heeft en waar hij een
vertrouwd, eigen plekje heeft. Eigenlijk sjouw ik veel te
veel met hem rond, nu. Kom op, pak jullie werkschriften.
De tekst hoeft niet lang te zijn.'
'Wat moet er dan in staan?' vroeg Bastiaan klaaglijk. 'Ik
weet niks.'
'Tuurlijk weet je wel iets,' zei juf kortaf, want Bastiaan
zeurde over iedere opdracht. 'Beschrijf Bartje en vertel

kort iets leuks over hem zodat iemand die de advertentie leest, hem graag wil hebben. En natuurlijk moet het telefoonnummer van onze school er ook bij.'
'Ik kan dat ook niet hoor,' zei ik paniekerig tegen Esther. 'Wat moeten we schrijven?'
'Aan de slag,' zei juf.
'We doen het samen,' zei Esther. 'We schrijven eerst allerlei woorden over Bartje op die ons te binnenschieten.'
'Vriend,' zei ik.
'Dat is een goeie.' Esther schreef met grote letters 'Vriend' in haar werkschrift. Verder schreven we op: kaal, kwispelen, aaien, niet zo mooi, wit met zwarte vlekken, snurkt.
'Zullen we een gedichtje maken?' vroeg Esther. Ze zette haar pen op het papier en begon onmiddellijk te schrijven.

Bartje begrijpt u heel goed
hij heeft een kwispelgroet
hij wordt al een beetje kaal
maar is de beste hond van allemaal
omdat iemand van ons moet niezen
moeten wij Bartje verliezen.

Ik hoefde niks te doen. Es had de hele advertentie al geschreven.

'Heb je meegelezen?' vroeg ze. 'Hoe vind je hem zo?'
'Geweldig,' zei ik. 'Dat je dat kunt. Alleen de laatste twee
regels over dat niezen vind ik een beetje sneu. Net of het
Youri's schuld is dat Bartje weg moet.'
We keken samen naar Youri die probeerde te schrijven,
maar zijn pen steeds uit zijn handen liet vallen, doordat
de rubberen handschoenen in de weg zaten.
Gewoon té zielig.
'Je hebt gelijk,' zei Esther. Ze kraste meteen de laatste
twee regels door. 'Maar wat schrijven we dan?'
Ik wist wel iets. En ik zei:

We zoeken voor hem een baasje en vriend
omdat Bartje dat vet verdient.

'O ja, die is uitstekend, zei Esther. Daaronder schreef ze:

Wilt u het nieuwe baasje van Bartje worden?
Bel dan onze school en maak een afspraak.

En ze zette het telefoonnummer eronder.
Tevreden lazen we de advertentie door. We vonden hem
keigoed gelukt. Esther stak haar vinger op. 'Juf, ik heb
een vraag!'
'Ja?' zei juf met haar wenkbrauwen opgetrokken.

60

'Wie krijgt Bartje als er straks meer mensen zijn die hem willen hebben?'

'Dan verkopen we hem aan de hoogste bieder. We worden rijk! We worden rijk!' riep Bastiaan.

'Pfff,' zeiden Esther en ik en we rolden met onze ogen. Bastiaan probeerde altijd grappig te zijn.

'Dat zien we wel, wanneer het zover is,' vond juf. 'Zijn jullie allemaal klaar? Wie wil zijn advertentie voorlezen?' Verschillende kinderen staken hun vingers op. Esther en ik ook.

Op dat moment werd er op de deur geklopt.

'Even wachten,' zei juf tegen ons en ze deed open. Daar stond meester Timon van groep één. Hij had een meisje met witte vlechtjes op zijn arm. Tegen de enkel van het meisje hield hij een washandje. Het meisje huilde zo hard dat haar bloesje drijfnat werd.

9 Bartje zoenen

'Diede heeft haar enkel verstuikt,' hoorden wij meester
Timon zeggen. Hij was bijna niet te verstaan, omdat
Diede er dwars doorheen brulde.
'Heb je het al gekoeld onder de koude kraan?' zei juf
Jolijn.
Meester Timon knikte. 'We hebben de huisarts gebeld en
haar moeder gewaarschuwd.' En tegen Diede: 'Mama komt
zo, hè meisje. Maar ze moet even van haar werk komen.'
Diede nam weer een verse hap lucht en brulde nog harder.
Meester Timon keek wanhopig.
'Diede blijft nogal verdrietig,' zei hij.
Dat was zwak uitgedrukt. Diede loeide als een sirene.
Meester Wim kwam ook al kijken wat er aan de hand was.
Bastiaan en Jippe stopten hun vingers in hun oren.
'En alle andere kindjes van groep één raken nu ook over-
stuur...,' zei meester Timon.
'Kom jij maar even bij juf Jolijn dan,' zei onze juf ferm. Ze
nam Diede over van meester Timon.

Diede stopte even met huilen, waarschijnlijk om weer een verse hap lucht te nemen.

Juf Jolijn praatte rustig door: 'Heb je onze vriend Bartje al eens gezien? Kijk, daar ligt-ie, in z'n mandje. Hij is een beetje alleen. Wil jij hem niet even gezellig gezelschap houden?'

Voor het eerst hield Diede op met huilen. Meester Timon ontspande zienderogen. Juf Jolijn liep met Diede op haar arm naar de boekenhoek. Daar stond onze leesbank, een oude bank met een gezellig lapjeskleed eroverheen.

Voorzichtig zette juf Diede op de bank. Ik zag dat het meisje weer wilde gaan huilen.

Maar juf riep: 'Bartje, kom eens.'

Gehoorzaam klom Bartje uit zijn mand om naar juf toe te wandelen. Juf klopte op het lapjeskleed. 'Hop, Bartje, ga eens naast Diede op de bank zitten.'

Bartje leek een beetje in de war. Normaal mocht hij nooit op die bank. En nu moest het? Juf klopte nog een keer. 'Hop.' En Bartje deed hop.

Diede keek naar Bartje. Ze huide niet meer. Bartje keek naar Diede. Heel voorzichtig snuffelde hij met zijn punt-neus aan haar wang. Diede liet een trillerige zucht horen. Bartje stak z'n neus in Diedes haar. Diede sloeg haar arm om Bartje heen en stak haar duim in haar mond.

Juf Jolijn deed een paar passen naar achteren. 'Wil je bij Bartje wachten tot mama komt?' vroeg ze.

Diede knikte zonder haar duim uit haar mond te halen.

Met een glimlach liep juf terug naar meester Timon en Wim. 'Opgelost door onze schoolhond,' zei ze zacht. Ze klopte meester Timon op zijn arm. 'Ga maar terug naar je klas. Wij houden wel een oogje op Diede,' zei ze.

Meester Timon keek ontzettend opgelucht. 'Ik kan Bartje wel zoenen,' zei hij.

10 Een pizza met armpjes en beentjes

We hadden met z'n allen Sanja's advertentie uitgekozen omdat die werkelijk superleuk was.
Sanja had een tekening gemaakt van Bartje die aan een tafeltje zat met een pen in zijn poot en een schrift voor zich. Erboven stond:

Aangeboden: 1 schoolhond.

Wilt u het baasje van Bartje worden? Bel naar basisschool De Regenboog.

Het telefoonnummer van onze school stond er keurig onder.

We stonden allemaal om juf Jolijn heen toen ze de krant opensloeg. 'Daar staat hij,' wees ze. We bekeken de advertentie. Grappig, om hem in een echte krant te zien staan. 'En nu maar hopen dat er iemand belt,' zei juf.

Die middag mochten Esther en ik eindelijk Bartje weer eens uitlaten. Omdat we wisten dat hij wegliep zodra hij de kans kreeg, besloten we hem goed vast te houden.

Ik vond niet veel aan de wandeling. Ik moest voortdurend aan mijn vader denken.

'Waarom kijk je zo tobberig?' zei Esther.

Ik haalde mijn schouders op. 'Ach nou ja, mijn vader heeft een kamerplant gekocht.'

'Leuk toch?'

'Die plant is nu al aan het doodgaan, terwijl hij er goed op past. Tenminste, dat beweert hij. Wat hij ook probeert, het wordt nooit gezellig in dat huis.'

'Mensen maken een huis gezellig. Niet planten of kaarsen of andere hebbedingetjes,' zei Esther.

'Maar ik begrijp het niet,' zei ik. 'Toen mijn vader en moeder en ik met z'n drietjes waren, was het beregezellig. Terwijl het samen met mijn moeder niet leuk is. En samen met mijn vader ook niet. Hoe kan dat dan? Hoe maak je iets leuk en gezellig?'

'Je maakt iets niet leuk. Je vindt iets leuk,' zei Ester. 'Dat zit in je hoofd, net als met vakantie.'

'Vakantie is leuk,' zei ik meteen.

'Ja, dat vínd je leuk,' zei Esther. 'Maar vorig jaar hadden jullie soepweer op de camping.'

'Het regende drie weken achter elkaar,' herinnerde ik me.

'En jullie tent was lek.'

'Als een zeef,' gaf ik toe.

'Op een nacht werd ik wakker omdat het water op mijn hoofd druppelde.'

'En in de kantine draaiden ze afgrijselijke muziek, vertelde je.'

'Ja, en er stonden van die afgebladderde tafeltjes. En er was zo'n activiteitenbegeleider die wilde dat ik met allerlei kinderachtige spelletjes meedeed.'

'En toch vind jij vakantie leuk?'

'Natuurlijk,' zei ik meteen. 'Jij toch ook?'

'Wat vond je er dan zo leuk aan?'

Ik dacht aan mijn kleddernatte pyjama, de modder op het pad en de wespen boven de vuilnisbakken. En ik kon eventjes niet bedenken wat er zo leuk was.

'Maar toch was het leuk,' zei ik koppig.

'Precies,' zei Esther. 'Je vond het leuk. En dat je vader en moeder niet bij elkaar wonen, vind je niet leuk. En zij ook niet. Daar helpen geen planten, spelletjes of winkelmiddagjes aan.'

'Van jou word ik ook niet vrolijker,' zei ik somber.

'Dan moet ik maar even een lollig gedichtje tevoorschijn toveren,' zei Esther. 'Heb je nog verzoekjes?'

'Vakantie en regen dan maar,' antwoordde ik.

'Je denkt zeker dat ik daar geen gedicht over weet, hè?' zei Esther. 'Nou, mooi verkeerd gedacht. Hier komt-ie:

Op reis
Zeg, zullen wij naar Engeland gaan,
waar hele leuke huizen staan
met een dak van riet?
Doe ik liever niet.

In Frankrijk heb je heel veel pret,
daar gaan de kinderen laat naar bed,
daar is het altijd feest.
Ben ik al geweest.

In Oostenrijk, dat weet je wel,
heeft elke koe een eigen bel
waar hij mee bellen kan.
Hou ik niet zo van.

In Spanje kun je heel misschien
Sinterklaas nog even zien,
Sinterklaas en Piet.
Wil ik liever niet.

Wat denk je dan van Nederland
met bos en hei, met zee en strand,
met koe en schaap en geit?
Regent het altijd.

'Zo, vrolijk geworden van dit mooie gedichtje? giechelde Esther met haar hoofd schuin.

'Niet echt,' zei ik.

'Dan zal ik je moeten kietelen,' zei Esther en ze rolde met haar ogen. 'Ga je vanzelf wel lachen.' Ze begon met haar puntige vingers in mijn zij te prikken. Ze wist dat ik daar niet tegen kon.

'Houd op,' riep ik en ik deed alsof ik haar wilde slaan. 'Niet doen.'

Esther prikte door. 'Ik zal je laten huilen van het lachen, meisje, tot je over de grond rolt.' Ze kietelde verder.

Bartje sprong woest naast me heen en weer, helemaal opgejut door mijn gejoel en de gekke bewegingen die Esther maakte.

Ik kreeg de slappe lach. 'Es, houd op voor ik het in mijn broek doe.' Ik sloeg wild met mijn armen waardoor Bartjes riem opeens losschoot.

Eerst merkten we het niet, door ons gestoei. Pas toen Bartje al een heel eind weg was, zagen we het.

'Achter hem aan,' riep Esther en ze spurtte weg.

'Kijk uit! Auto, auto,' gilde ik.

Op het laatste moment bleef Esther op het randje van de stoep staan. Een auto scheerde rakelings langs haar heen. Ik had haar inmiddels ingehaald. Ik was zo geschrokken,

dat mijn benen wel van rubber leken. 'Dombo,' schold ik.
'Bartje weg en jij bijna zo plat als een pizza onder een
auto.'
Met schrikogen keek Esther me aan. 'Een pizza?' stamelde
ze.
'Ja, een Esthervormige pizza met twee armpjes en twee
beentjes,' zei ik.
'Jij bent gek,' zei Esther, 'maar hartstikke bedankt dat je
me waarschuwde.'
'Nou zijn we Bartje toch weer kwijtgeraakt. Niet te gelo-
ven, wat zijn wij een stel stomme kippen,' mopperde ik.
'Dat is nou de tweede keer.'
'Laten we die kant maar weer oplopen,' zei Esther en ze
wees naar de huisjes die bij het verzorgingstehuis hoorden. 'Die kant gaat hij iedere keer op.'
Wij liepen ernaartoe en riepen Bartjes naam. Ongeveer
vijf minuten zochten we achter hekjes, struiken en tuin-
huisjes. Opeens kwam Bartje weer aangelopen, alsof het
de gewoonste zaak van de wereld was. Met een hondenkoekje in zijn bek.

11 Het woord 'nee'

De volgende ochtend wipte juf Jolijn weer achterwaarts
op haar schrijfbureau. 'Au,' zei ze terwijl ze een punten-
slijper opzijschoof.

'Hebben er al mensen voor Bartje gebeld, juf?' riep
Bastiaan.

Juf stak twee vingers op. 'Twee telefoontjes heb ik gekregen,' zei ze, 'van een familie Harmeling en van ene
Jochem Oudgenoeg. De familie Harmeling komt om drie
uur even langs. En Jochem Oudgenoeg om half vier. Ik
heb hen verteld dat Bartje onze schoolhond is, en dat de
hele klas gaat meebeslissen wie zijn nieuwe baasje wordt.'

'Ik wil hem liever houden,' zei ik achter mijn hand.

Youri kreeg weer een niesaanval.

'Zit er niet in,' zei Esther.

'Geeft u Bartje dan gelijk mee, juf?' vroeg Anouk.

'Oei, daar heb ik nog niet eens over nagedacht, zei juf.

'Nee, ik denk het niet.'

'Misschien kan hij eerst halve dagen bij zijn nieuwe baasje

gaan wonen om alvast een beetje te wennen,' zei Sanja.
'Dat lijkt me een uitstekend idee,' zei juf. Ze greep een
krijtje tussen de rommel vandaan en liep naar het bord.
'We hebben gisteren geleerd over de stam van een werk-
woord. Wie kan me vertellen wat de stam is van 'snoepen'?'
De verdere ochtend was juf een echte juf. Ze deed eigenlijk wel streng en maakte bijna geen grapjes. Misschien
was ze wel een tikkeltje zenuwachtig omdat er mensen
voor Bartje kwamen.
We kregen een dictee met lange ij en korte ei en rekenen.
Gelukkig mochten Esther en ik daarna achter de computer.
We gingen naar het Kinderspeelplein, lekker spelletjes
spelen.
Even na drieën werd er op de deur geklopt. 'Ruim snel jullie spullen op, kinderen. Daar is de familie Harmeling,' zei
juf en ze veegde snel wat krijt van haar truitje.
De familie Harmeling bleek te bestaan uit een moeder met
drie meisjes. Moeder had een wijde jurk van rode lappen
aan. De meisjes, een jaar of vier, waren alledrie hetzelfde.
'Ik zie driedubbel,' fluisterde ik in Esthers oor.
Juf gaf mevrouw Harmeling een hand. 'Ik ben Nitiam,' zei
mevrouw Harmeling, 'en dit zijn Vlinder, Appel en Maan.'
'Juf Jolijn,' zei juf Jolijn kort. 'Dus jullie komen kennis-
maken met Bartje?'

74

Bartje gaapte, draaide zich om en sliep verder in zijn mand. Hij had niet door dat er bezoek voor hem was. Dat veranderde snel.

Want toen de meisjes Bartje zagen, renden ze gillend op hem af. Bartjes ogen schoten wijdopen. Het meisje dat Vlinder heette, stortte zich bovenop hem. Appel peuterde aan een van zijn oortjes en Maan trok aan zijn staart. Bartje jankte. Juf Jolijn hapte naar adem. 'Doen ze wel een beetje voorzichtig?' vroeg ze bezorgd.

'Lief hè?' genoot mevrouw Harmeling. 'Kinderen gaan zo natuurlijk met dieren om, vindt u niet? Laat ze elkaar maar lekker ontdekken.'

Vlinder en Appel probeerden intussen Bartje uit zijn mand te trekken die gelijk een reutelend geluid maakte.

'Wat speelt hij leuk mee, hè?' zei mevrouw Harmeling.

'Hij heeft bruine oogjes,' zei Appel en ze prikte Bartje in een oog.

'Stop!' zei juf Jolijn toen. De drieling keek haar verbaasd aan. Maan had nog altijd Bartjes staart in haar hand.

'Een hond is een levend wezen,' zei juf Jolijn met een trillende stem. 'Hij vindt het absoluut niet prettig als je aan hem trekt of in hem prikt. Dat doet hem pijn.' Ze trok Maans handje van de staart. 'Mag niet.'

Nu hij eenmaal bevrijd was, racete Bartje zijn mand uit. Hij dook als een speer onder de kast.

'Ik verbied mijn kinderen niets,' zei mevrouw Harmeling met samengeknepen lippen. 'Ze moeten zich kunnen ontplooien. Ze mogen de wereld ontdekken op hun manier. Ik geloof niet in het woord 'nee'.

'Nou, ik geloof toevallig wél in het woord 'nee', zei juf Jolijn beslist. 'Af en toe is dat een heel nuttig woord. Als kinderen een dier pijn doen bijvoorbeeld. Dat is een dikke, vette 'nee'. En als u nog denkt dat ik Bartje aan u

meegeef, krijgt u van mij ook heel duidelijk 'nee' te
horen. Wij zijn uitgepraat, mevrouw Harmeling. Een pret-
tige dag verder.' Juf Jolijn hield de deur open.
'Nou ja,' zei mevrouw Harmeling, snakkend naar adem.
'Kom Vlinder, Appel, Maan. Mama zoekt wel een ander
hondje voor jullie.'
Met haar neus in de lucht vertrok ze. De lappen van haar
rode jurk wapperden achter haar aan. Ze trok de drieling,
die elkaars handen vasthield, de klas uit.
Juf Jolijn vouwde haar armen over elkaar. Ze ademde
oppervlakkig en haar hoofd was rood van boosheid. 'Nou
ja, zeg, wat een mens, zei ze. 'Ik hoop dat die drieling
straks een zandkasteel in haar bed bouwt.'
'Of dat ze een pak vla leeggooien op de keukenvloer,' riep
Bastiaan.
'En er dan op blote voeten in gaan kunstschaatsen!' riep
Sanja.
'Ik wou dat mijn ouders ook nooit 'nee' zeiden,' zei Floor.
'Iedere dag patat, nooit meer op tijd naar bed, fantas-
tisch.'
'Wees blij dat iemand je opvoedt,' zei juf. 'O, daar zul je
Jochem Oudgenoeg hebben.'
Een jongen van een jaar of twintig verscheen achter het
raam. Hij droeg een spijkerbroek vol scheuren en een

leren jack. In z'n neus zat een piercing. Ik vond hem een
H.E.P.
'Cóól,' zei Bastiaan zachtjes.
'Welkom in onze klas,' zei juf Jolijn en ze stak haar hand
uit. Jochem Oudgenoeg hield z'n handen in z'n zakken.
Zijn kaken maalden even niet op de kauwgom toen hij zei:
'Waarissie?'
'Onze Bartje heeft zich onder de kast verstopt,' zei juf. 'Hij
is daarnet behoorlijk geschrokken. Esther, wil je hem als-
jeblieft proberen te pakken?'
Esther dook onder de kast en haalde voorzichtig een
tegenstribbelende Bartje tevoorschijn. Met Bartje op haar
arm liep ze naar Jochem die minachtend Bartje bekeek.
'Niet bepaald een ruige vechthond, hè.'
Juf keek enigszins verward en antwoordde: 'Eh, nee, dat
lijkt me niet. Bartje is geloof ik een mengelmoesje tussen
een pincher en een labrador.'
'Is hij wel fel?' vroeg Jochem en hij pakte Bartje in z'n
nekvel vast en trok hem een stukje omhoog.
Bartje liet een jankgeluidje horen.
'Nee,' zei juf Jolijn. 'Hij is beslist niet fel, integendeel; hij
is oud, stram en een tikkeltje hardhorend. En hij verdient
een baasje die aardig voor hem is. Daarom weet ik zeker
dat Bartje en jij niet bij elkaar passen.'

'Daaahaaag,' riep Jippe toen juf Jochem de deur uitwerk-
te. En toen riepen we allemaal: 'Daaahaaag.' En: 'Tot nooit
meer ziens.'
'Ik heb ook een piercing!' zei Bastiaan. Hij had een dub-
belgebogen paperclip om zijn neusvleugel gevouwen.
Esther stond nog steeds met Bartje op haar arm en aaide
hem. Bartje had zijn snuit onder haar oksel gestoken.
'Ik wist niet dat er zoveel onsympathieke mensen beston-
den,' zuchtte juf Jolijn toen ze teruggekomen was.

'Zullen wij Bartje dan maar gewoon houden?' zei Anouk.
Juf Jolijn schudde haar hoofd en zei: 'We moeten gewoon
nog beter ons best doen. Vraag de vuilnisman en de postbode, iedereen die je kent, of hij een hondje wil. Dan
moet het toch lukken een baasje voor Bartje te vinden.
Wie laten hem trouwens uit? Eens even op het rooster
kijken. O, Aradhna en Floor zijn aan de beurt.'
'Mogen wij het misschien een andere keer doen, juf?'
vroeg Aradhna. 'Ik wil vandaag graag zo snel mogelijk
naar huis omdat mijn oma op bezoek is.'
'Wat kan dat nou schelen,' riep Jippe.
Aradhna keek boos. 'Ze woont in Suriname,' zei ze. 'Ik heb
haar nog maar één keer eerder gezien.'
'Ja, dan kan ik me voorstellen dat je snel naar huis wilt,'
zei juf.
'Iris en ik willen Bartje wel uitlaten,' zei Esther.
'O ja?' zei ik.
'Ja,' siste Esther, 'want ik heb iets gemaakt voor Bartje
wat ik wil uitproberen. Vertel ik je dadelijk wel.'

12 Blauw spoor

'We gaan allereerst langs mijn huis,' zei Esther. Ze had Bartjes riem twee keer rond haar pols geslagen.
'Hoezo dan?' vroeg ik.
'Ik heb iets uitgevonden waardoor we Bartje kunnen volgen. Ik wil weten waar hij naartoe gaat als hij iedere keer ontsnapt.'
Ik was erg benieuwd naar de uitvinding van Esther. Ik zag het al voor me: Bartje met een zender op z'n rug en een antenne op zijn kop en wij erachteraan rennen met een radar of zoiets.
We liepen door het steegje dat aan Esthers huis grensde. Poes Minous rende met grote sprongen voor ons weg.
'Mahaam, we zijn thuis,' riep Esther.
'Joehoe,' klonk de stem van Esthers moeder vlakbij.
'Waar ben je?'
Met een harkje in haar hand dook Esthers moeder achter een gesnoeide rozenstruik vandaan. 'Hiero, aan het tuinieren. Ik zit onder de modder, maar dat is er zo

afgewassen. Hallo Iris. Willen jullie thee of liever een glas limonade?'

'We laten eerst Bartje even uit,' zei Esther. 'En daarna brengen we hem weer naar school. Mogen we niet gewoon een pakje vruchtensap uit de la pakken? Want we hebben wel dorst, hè Iris?'

Ik knikte.

'Natuurlijk,' zei Esthers moeder. 'Pak zelf maar.'

Ik hield Bartje zolang vast tot Esther weer terug was. We dronken snel de pakjes leeg. Ik kon bijna niet wachten om te zien welke uitvinding Esther voor Bartje had gemaakt. Esther nam me mee naar het houten tuinhuisje waar ze iets van de werkbank pakte. Het was mijn riem met een verfblikje eraan.

'Dit moet om Bartjes rug,' zei ze.

'Heb je er gaatjes bijgemaakt?'

'Met de schaar,' grijnsde Esther, 'net als je moeder. Alleen wat voorzichtiger.' Ze gespte de riem vast zodat het verf-blikje onder Bartjes buik bungelde. 'Mooi, hij past pre-cies.' Bartje snuffelde eventjes aan het blikje, maar hij scheen het allemaal niet zo erg te vinden.

'Hoe moet dat ding nou helpen om Bartje terug te vinden als hij wegloopt?' vroeg ik me hardop af.

'Dat zie je vanzelf,' lachte Esther. 'Als het werkt, tenminste.

We kunnen het beste naar het park gaan, naar de plek
waar we hem altijd kwijtraken.'
Ik haalde mijn schouders op en kuierde achter Esther aan.
Ze droeg Bartje op haar arm.
In het park zette ze hem neer naast het Japanse brugge-
tje.
'En nu?' zei ik.
'Nu halen we het stopje eruit,' zei Esther.
Ze ging op haar hurken naast Bartje zitten en trok voor-
zichtig een pinnetje onder uit het blikje. Er viel een blau-
we druppel uit. En daarna nog een. 'Hup Bartje, vooruit,
loop eens weg,' zei Esther.
Bartje bleef stokstijf stilstaan en keek Esther dommig
aan.
'Ja, zo werkt mijn uitvinding natuurlijk niet,' zei Esther.
'Straks is het verfblikje helemaal leeggelopen.'
'Bartje loopt altijd weg als hij denkt dat wij niet kijken,'
zei ik. 'Draai je om.'
We gingen tegelijk met onze ruggen naar Bartje toestaan.
'En nu?' zei Esther. 'Moeten we over school praten? Of
over het weer?'
'Of over die mus die daar zit,' grinnikte ik. 'Waar zou hij
wonen?'
'In de groene bomen,' zei Esther.

'Dat klinkt als een gedicht,' vond ik.

'Ik ken wel een gedicht over een mus.' Esther keek me ondeugend aan.

'O? Laat horen dan?'

Esther zei:

Tjielp tjielp – tjielp tjielp tjielp
tjielp tjielp tjielp – tjielp tjielp
tjielp tjielp tjielp tjielp tjielp tjielp
tjielp tjielp tjielp

Tjielp
Etc.

'Ja,' zei ik, 'zo kan ik het ook. Wil je mijn gedicht over een poes horen? Miauw miauw miauw.' Ik miauwde nog een tijdje door. Esther moest lachen.

'Dat getjielp is anders wel een echt gedicht,' zei ze. 'Het heet *De Mus*, en het is geschreven door een dichter die Jan Hanlo heet.'

'Jij bent eng, zeg. Hoe onthoud je dat toch allemaal?' Esther haalde onverschillig haar schouders op. 'Ik heb plaatjes in mijn hoofd, van heel veel dingen,' zei ze. 'Hoe gaat het trouwens bij je thuis nu? Is je moeder wat minder verdrietig?

Ik knikte. 'Ze heeft een paar keer met mijn vader gebeld. Best wel lange gesprekken. En ze is weer wat vrolijker. Ze luistert weer naar me, als ik iets vertel. Gisteren hebben we samen een pizza gemaakt. Je weet wel, eerst de bodem en dan versieren met kaas en tomaat en paprika en ananas en...'

Maar Esther luisterde niet meer. Ze keek achterom en riep: 'Yes, Bartje is weg! Mijn uitvinding werkt.'

Op het schelpenpad liep een spoor van blauwe druppels. De druppels lagen telkens zo'n twintig centimeter uit elkaar, waardoor we goed konden volgen waar Bartje naartoe was gegaan.

'Es, je bent briljant,' zei ik ademloos. 'Kom mee.'

Rennend volgden we het blauwe spoor. We gingen het park uit, holden de stoep over tot het bankgebouw. Daar de hoek om. Bij een boom lag een plasje blauw. Blijkbaar had Bartje daar een tijdje stilgestaan. Het blauwe spoor ging verder langs de platenzaak, langs de slagerij (plasje blauw!) en daarna naar de huisjes die bij het verzorgingstehuis hoorden. Het spoor liep naar een steeg tussen twee huizenblokken.

'Mogen we daar wel komen?' twijfelde ik. 'Straks staan we bij iemand in de tuin.'

'Ja hallo, we hebben Bartje bijna gevonden,' zei Esther.

'Nou wil ik ook weten waar hij naartoe gaat. Dan maar bij iemand in de achtertuin staan. We leggen wel uit wat we komen doen. Niet zeuren, Iris.'

Het blauwe spoor ging inderdaad een tuin in en verdween onder een coniferenheg.

'Tjeempie. Bartje is door de heg gekropen,' zei ik. 'Wat nu?'

Esther zat op haar hurken voor het gat. 'Erachteraan,' zei ze.

'Door de heg? Ja maar...'

Esther had zich al op haar buik laten vallen om zich door het gat te wringen. Ik zuchtte en worstelde me ook door het gat. Een tak bleef in mijn haar hangen en de blauwe verf van Bartjes spoor kwam op mijn spijkerbroek terecht. Dat had ik natuurlijk weer.

'Ik zie Bartje!' zei Esther opgewonden toen ze me omhoog sjorde.

Ik veegde mijn haar naar achteren.

Ja, daar stond hij, blaffend tegen een achterdeur. Toen we op Bartje afliepen, ging de achterdeur langzaam open. Ik hield mijn adem gespannen in. Wie zou hier wonen? Als het maar geen H.E.P. was. Dat was het gelukkig niet. Het was een tenger omaatje met kortgeknipt wit haar. Ze droeg een donkerblauwe pantalon en een bodywarmer.

In haar hand had ze een hondenkoekje.
Bartje kwispelde zo hard, dat zijn hele achterwerk ervan
schudde.
'Dag Vlekje,' zei het omaatje. 'Kom je alweer je koekje
halen? Braaf hondje, braaf.'
Bartje liet een enthousiast blafje horen en hij nam het
koekje voorzichtig aan. De oude dame bukte lenig voor
haar leeftijd en aaide over zijn kop. Toen zag ze het verf-
blikje hangen. 'Hé, wat heb je daar onder je buik hangen?

O getsie, wat een kliederboel.'

Ze keek geschrokken naar haar keurige terrasje dat nu onder de blauwe verf zat.

Esther liep naar Bartje en de vrouw. Ze haalde het stopje uit haar zak en deed het weer in het blikje. Toen gespte ze Bartje de riem af.

'Dag mevrouw,' zei ze. 'Ik ben Esther en dit is Iris. Wij wilden weten waar Bartje telkens naartoe ging wanneer hij wegliep. We zullen alle verfvlekken voor u opruimen, hè Iris? Het lost trouwens op in water. Een paar regenbuien en u ziet er niks meer van.'

De mevrouw keek ons een met een paar heldere kraaloogjes aan. 'Ik begrijp het niet. Waar is die verf voor en wie is Bartje?' vroeg ze.

'Woef!' zei Bartje.

'Dát moet Bartje zijn,' klonk een stem achter ons.

Zodra we ons omgedraaid hadden, schrok ik me een hoedje. Want de man die achter ons stond, herkende ik. Hij zag er wel heel anders uit dan normaal. Nu droeg hij een rafelige spijkerbroek en een oud poloshirt. Maar het was hem echt.

'Dag meneer Witteman,' stotterde ik.

Esther stond naar adem te happen.

Ze had net als ik onze schoolinspecteur direct herkend,

alhoewel hij er nu uitzag als een doodgewone man.
'Ach, kennen jullie mijn zoon?' vroeg de oude mevrouw.
'Hoe is het mogelijk. Wat is de wereld toch klein. Theo
helpt me af en toe met de tuin.'
Meneer Witteman zette zijn schoffel tegen de schutting
en ging op zijn hurken zitten. Hij aaide en kriebelde
Bartje over zijn bolletje, waardoor hij al kwispelend weer
met zijn achterwerk begon te schudden.
'Meneer Witteman is pas nog bij ons op school geweest,'
zei ik.
'Is dat zo, Theo?' vroeg de oude mevrouw geïnteresseerd.
Meneer Witteman keek ons vriendelijk aan door zijn zwar-
te bril. 'Dan zitten jullie zeker op 'De Regenboog'?'
Wij knikten.
'Bij juf Jolijn in de klas,' zei Esther.

Bartje begon met zijn neus tegen de hand van meneer Witteman te duwen om te zorgen dat het aaien doorging.

'Ach, die spontane juf met dat gezellige lokaal,' zei meneer Witteman. 'Leuk mens.'

Ik keek Esther aan en Esther keek mij aan. We wisten allebei hoe paniekerig juf Jolijn was geweest en hoe zeker ze had geweten dat de inspecteur haar niet mocht.

'Ik ben toch zo dol op dieren,' zei meneer Witteman met een verliefde blik op Bartje. 'Ik ben net een rapport aan het schrijven voor mijn werk. Persoonlijk ben ik van mening dat scholen veel meer met dieren moeten doen. Haal eens een kat, een hond of een geit in de klas. Daar leren kinderen zo veel van.'

Esther en ik konden het echt niet helpen. We dachten aan dat gesjouw met Bartje door het schoolgebouw en hoe we hem uiteindelijk hadden verstopt in het kopieerkamertje. En we barstten tegelijk in lachen uit. ♠

13 Zo blij als een bij

Esther en ik waren helemaal opgewonden terwijl we in de
kring alles vertelden. Om beurten riepen we iets.
'Ze heet mevrouw Witteman.'
'En ze is de moeder van de schoolinspecteur.'
'En die is veel aardiger dan hij lijkt. Hij is dol op dieren.'
'Ze woont in een van die kleine bejaardenhuisjes. Die met
die glimmende, rode dakpannen.'
'Hondenkoekjes. Ze heeft speciaal hondenkoekjes voor
Bartje gekocht.'
'Ze noemt hem Vlekje, trouwens.'
'Meneer Witteman heet Theo. En hij vindt u een leuk
mens, juf!'
'Vroeger heeft mevrouw Witteman zelf een hond gehad.'
'Maar die is dood.'
'En ze wou wel weer een hond...'
'...maar ze zag er tegenop om een puppie te kopen.'
'Want die plassen overal.'
'En die kauwen je schoenen kapot.'

'Bartje vindt haar hartstikke lief.'

'Ze ís ook hartstikke lief.'

'We kregen een heleboel spekkies.'

'Nadat we alle verf en viezigheid van haar stoep hadden geboend.'

'Ja, dat was wel veel werk, maar...'

Juf Jolijn stak haar hand op om ons gekakel even te stoppen. 'Wat een verhaal,' lachte ze. 'Dus Bartje is heel vaak weggelopen naar die mevrouw Witteman?'

Verschillende kinderen durfden juf niet aan te kijken, maar keken naar hun tafel of uit het raam.

'En dat heeft niemand mij verteld?'

'We wilden u niet ongerust maken, juf,' zei ik.

Juf schudde met haar hoofd. 'Wat zijn jullie ook een stelletje kinderen,' zei ze. 'Nou ja, er is dus misschien een nieuw baasje voor Bartje gevonden.'

'Mevrouw Witteman wil Bartje dolgraag hebben, juf,' riep ik. 'We hebben het haar al gevraagd. Ze vindt het heerlijk om lange wandelingen te maken. En we mogen altijd op bezoek komen. Dat vindt ze hartstikke gezellig,' zei ze.

'Mooi niet,' zei Esther, 'ze zei niet 'hartstikke'. Dat is geen woord voor oudere mevrouwen.'

'Als ik een oude mevrouw ben, zeg ik anders nog altijd hartstikke,' zei ik.

Het werd een rumoerige bende in de klas. Juf probeerde
iets te zeggen, maar iedereen kletste door elkaar. Daarom
stak juf haar arm omhoog. Dat was een afspraak. Als ze
dat deed, moesten wij ook onze arm omhoog steken, en
stil zijn. Links en rechts gingen armen omhoog.
Langzamerhand werd het rustiger.
Juf liet haar arm zakken en sprak met opzet zacht, zodat
wij er niet weer doorheen gingen praten.
'Ik denk dat we eindelijk een oplossing voor Bartje hebben
gevonden,' zei ze, 'maar ik vind wel dat we hierover moeten stemmen, want Bartje is van ons allemaal. Wie vindt
dat we Bartje aan mevrouw Witteman moeten geven?'
Wij staken allemaal onze hand op.
Juf liep naar Bartje toe en aaide over zijn kop. 'Nou, dat
lijkt me duidelijk. Bartje, straks ben je niet langer een
schoolhond,' zei ze.
'Maar we komen heel vaak bij je op bezoek,' riep Jesse.
Juf schoot in de lach. 'Misschien, maar niet té vaak,
Jesse,' zei ze. 'Mevrouw Witteman heeft ook haar rust
nodig.'
Esther stak haar vinger op. 'Zullen we een boek voor
mevrouw Witteman maken?' vroeg ze toen juf haar het
woord gaf. 'Met tekeningen en verhaaltjes over Bartje en
wat we allemaal meegemaakt hebben met hem.'

Bastiaan en Jippe lieten tegelijk hun hoofd op de tafel vallen. 'Nee hè,' kreunden ze.

'Wat een goed idee,' zei juf. 'En dan plakken we een mooie foto van ons met een kwispelstaartende Bartje op de voorkant.'

Esther en ik slenterden samen naar huis. Ze had vanmiddag een heleboel knikkers verloren. De knikkerzak die ze in haar hand had, rinkelde niet eens meer tijdens het lopen. 'Wil je een paar knikkers van mij?' vroeg ik. 'Ik heb vandaag een regelrechte geluksdag. Ik heb wel vijfentwintig krieltjes gewonnen en ook nog drie mexicaantjes. En kijk eens, wat vind je van deze?' Ik liet haar de lichtbruine honingbonk zien en juichte: 'Ik ben zo blij als... zo blij als...'

'Zo blij als een bij in een bad met honing,' zei Esther.

'Is dat een gedicht van iemand?' vroeg ik.

Esther gaf me een por. 'Ja, van mij,' zei ze.

'Zo blij als een bij in een bad met honing. Lollig, Es, ik ga het iedere dag zeggen. Dan komt er misschien nog wel een regel bij en dan wordt het vanzelf een echt gedicht.' Esther grijnsde.

We liepen onze straat in. Ik bleef plotseling staan en zei verbaasd: 'Kijk nou eens.'

'Wat?' Esther begreep even niet waarnaar ik stond te wijzen.

'Mijn vaders fiets staat tegen het hekje van ons huis,' zei ik. 'Mijn vader is er!'

Mijn hart begon onmiddellijk sneller te kloppen. Mijn vader was weer thuis. Waarschijnlijk niet voor lang, maar het was in ieder geval een begin. Volgens mij ging het

weer ietsepietsie beter tussen pap en mam, nu ze elkaar regelmatig over de telefoon spraken. Mijn moeder had het weer vaker over mijn vader zonder boos of verdrietig te zijn. En ze maakte af en toe weer grapjes. Vanochtend had ze zelfs haar gewone kleren weer aan, gelukkig. Ze had bovendien beloofd dat we vanavond patat gingen halen.

Zou vandaag écht mijn geluksdag zijn?

Ik rende via de achterdeur naar binnen. Mijn vader en moeder zaten naast elkaar op de bank. Op het salontafeltje stond een kolossaal boeket bloemen in een plastic maatbeker. Ja, alle vazen waren stuk.

'Hoi,' zei ik terwijl ik van de een naar de ander keek. Mijn vader zag er gelukkiger uit dan ik hem in de afgelopen tijd gezien had.

Er zoemde een zelfgemaakt liedje door mijn hoofd.

Omdat Bartje een nieuw baasje had.
Omdat mijn ouders weer samen praatten.
Omdat... omdat...
Gewoon, omdat alles weer begon te kloppen.
Ik was blij.
Zo blij als een bij in een bad met honing.

De 'even-alleen-zijn'-kamer

Zoemen er door jouw hoofd ook wel eens liedjes? Wanneer? Als je vrolijk bent of ook wel als je verdriet hebt? Wat is jouw lachlied? En heb je ook een verdrietlied?

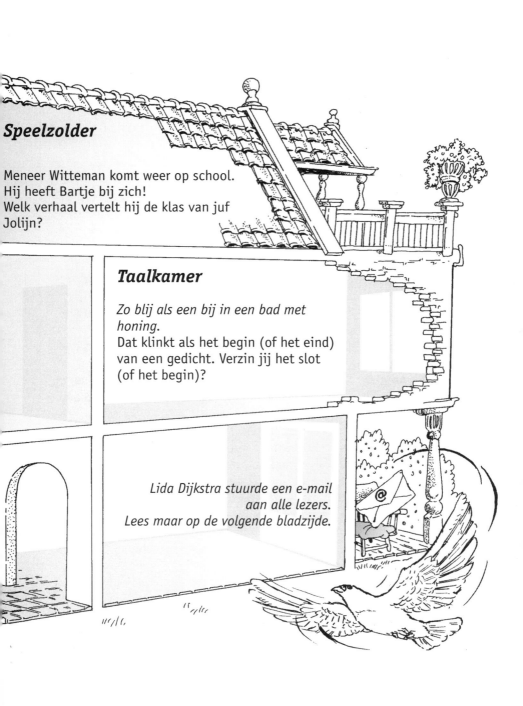

Speelzolder

Meneer Witteman komt weer op school.
Hij heeft Bartje bij zich!
Welk verhaal vertelt hij de klas van juf
Jolijn?

Taalkamer

*Zo blij als een bij in een bad met
honing.*
Dat klinkt als het begin (of het eind)
van een gedicht. Verzin jij het slot
(of het begin)?

*Lida Dijkstra stuurde een e-mail
aan alle lezers.*
Lees maar op de volgende bladzijde.

Van: lidadijkstra@hetnet.nl
   (of mail via: villa@maretak.nl)
Aan: <alle lezers van VillA Alfabet>
Onderwerp: Aangeboden: 1 schoolhond

Hallo lezers,

Regelmatig word ik uitgenodigd om op scholen iets over mijn werk te vertellen. Dat vind ik heel fijn om te doen. Ik vind het heerlijk om met jullie te praten over mijn boeken, eruit voor te lezen en vragen te beantwoorden. Want jullie willen meestal een hoop weten.
En altijd wordt weer die ene vraag gesteld: *Hoe komt u aan uw ideeën?*
Ik vertel dan altijd dat ik heel goed oplet op de dingen die om mij heen gebeuren.
Soms haal ik ideetjes uit de krant. Soms zie ik iets leuks in het jeugdjournaal.
Toen mijn dochter jonger was, vertelde ze vaak dingen die ze op school had meegemaakt. Sommige leuke of ontroerende dingen gebruikte ik in mijn boeken.
Zo is het ook gegaan met Bartje de schoolhond.
Want Bartje heeft echt bestaan. De juf van mijn dochter nam hem mee naar school nadat haar moeder was overleden. Hij was oud, lief en gevlekt, net als in mijn boek.
En speciaal genoeg om er een heel boek omheen te verzinnen. Want behalve de hoofdpersoon Bartje heb ik dit boek van begin tot eind zelf verzonnen...
Nou ja... dat wil zeggen... ik heb wel twee buurmeisjes die Esther en Iris heten...

Lida Dijkstra

100

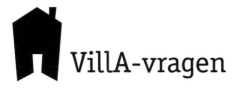

VillA-vragen

🏠 *Vragen na hoofdstuk 2, bladzijde 22*
1 Hoe vaak heb je gegrinnikt tijdens het lezen van de eerste twee hoofdstukken?
2 'Ik wil niet scheiden', zegt Iris tegen Esther, 'aan mij hebben ze niks gevraagd.' Vind jij dat ouders dat wel moeten doen?
3 Bij yoga denk je aan vierkante rondjes, volgens Iris. Iets om zelf een gedicht over te maken?
4 Zou jij een schoolhond in de klas willen hebben?

🏠 *Vragen na hoofdstuk 7, bladzijde 57*
1 'Mijn vader en moeder zijn uit elkaar.' Toen Iris dat zei werd het doodstil in de klas. Zou dat in jouw klas ook gebeuren als een van de kinderen zoiets vertelde?
2 Ben jij allergisch voor honden? Of voor iets anders? Hoe vervelend is dat?
3 Wanneer heb jij rondfladderende stenen in je buik?
4 Begreep je de uitbarsting van de moeder van Iris?
5 Wat zou jij doen als je Bartje moest uitlaten en hij liep weg?

🏠 *Vragen na hoofdstuk 12, bladzijde 90*
1 Over welk land kun jij een gedicht maken?
2 Zeggen jouw ouders 'nee' op z'n tijd?
3 Welke oplossing zie je voor Bartje opdoemen?
4 Hoe denk je dat de proefscheiding afloopt?

De gedichten in dit boek zijn van:

p. 12 Paul van Ostaijen Berceuse nr. 2
p. 19 Willem Wilmink, Rond of vierkant
p. 26 Ienne Biemans, Ik ben zo moe, zo moe, zei het geitje
p. 50/51 K. Schippers, Wat je kan zien, maar niet kan horen
p. 69 Willem Wilmink, Op reis
p. 84 Jan Hanlo, Tjielp

Bronvermelding:

Paul van Ostaijen, Berceuse nr. 2
uit: Verzameld Werk/Poëzie 2 (Den Haag-Antwerpen, Bert Bakker/Daamen, C. de Vries-Brouwer, 1953)

Willem Wilmink, Rond of vierkant
uit: Verzamelde liedjes en gedichten (Bert Bakker, Amsterdam, 1986)

Ienne Biemans, Ik ben zo moe, zo moe, zei het geitje
uit: Ik was de zee, (Querido, Amsterdam, 1989)

K. Schippers, Wat je kan zien, maar niet kan horen
(fragment) uit: 128 vel schrijfpapier (met C. Buddingh', Querido, Amstedam, 1967)

Willem Wilmink, Op reis
uit: Verzamelde liedjes en gedichten (Bert Bakker, Amsterdam, 1986)

Jan Hanlo, De Mus
uit: Verzamelde gedichten (Van Oorschot, Amsterdam, 1958)